ANA MARÍA MOIX

conversaciones en el tiempo

veintinueve entrevistas

amarillo editora

FSC
www.fsc.org
MIXTO
Papel procedente de
fuentes responsables
FSC® C107210

Este papel proviene de bosques certificados FSC® y otras fuentes gestionadas
de manera responsable, de acuerdo con los estándares ambientales.

EDICIÓN: febrero, 2024
IBIC: DNJ
THEMA: DNP

© del diseño de cubierta: Carlos García Estades
© de las notas: Ester Vallejo
© de esta edición: 2024, Amarillo Editora

DISEÑO Y MAQUETACIÓN: Carlos García Estades y Lucía Moreno
CORRECCIÓN: Ester Vallejo

Reservados los derechos de edición para Amarillo Editora
www.amarilloeditora.com   evallejo@amarilloeditora.com

ISBN: 978-84-126285-8-6
DL: M-2407-2024
ISNI Ana María Moix: 0000 0003 8369 6068
ISNI Amarillo Editora: 0000 0005 1332 7026

IMPRESIÓN Y ENCUADERNACIÓN: Estugraf Impresores, S. L.

Impreso en España / Printed in Spain

Nota de la editora

A principios de los años setenta, la escritora y traductora Ana María Moix realizó una serie de colaboraciones para Tele/eXprés, un diario vespertino que había nacido en Barcelona en 1964. Se trataba de una sección fija: «Veinticuatro horas de la vida de...». En ella, Ana María entrevistaba a distintos personajes relevantes de la cultura, animándolos a contar un día normal de su vida, su trabajo, etc. Por ella pasaron escritores, filósofos, cantantes, empresarios, fotógrafos, dibujantes... Todo un heterogéneo grupo que permitió que la sección disfrutara de gran éxito entre los lectores y se mantuviera durante años.

Estas entrevistas no seguían el esquema clásico cerrado de pregunta-respuesta, sino que la autora catalana dialogaba con sus interlocutores, tomaba notas y apuntes y posteriormente redactaba el texto definitivo, lo que le da un tono dinámico y, en ocasiones, irónico y divertido.

Veinticuatro de estas conversaciones fueron reunidas en un libro y publicadas en 1973 por Edicions 62, con el título de 24x24.

Amarillo Editora las rescata ahora casi en su totalidad, de modo que, transcurridos cincuenta años, vuelven a ver la luz. Además, se han añadido otras que en su día no se incluyeron en el libro. El criterio de selección ha sido el interés que, creemos, puedan tener los entrevistados para el lector actual.

*Se ha respetado la puntuación del original, que diferencia-
ba ambas voces —entrevistador y entrevistado— mediante
el empleo de la forma cursiva y la forma redonda. De este
modo, el lector podrá seguir el texto con mayor comodidad.*

*El criterio de presentación de las entrevistas ha sido cro-
nológico, de tal manera que podrán leerse en el orden en
que se publicaron en su día.*

*La edición original incluía antes de cada diálogo una
imagen del personaje, realizada por la fotógrafa Colita.
Hemos incluido aquí algunas de esas fotos, así como la
entrevista que Ana María Moix hizo a la propia Colita y
que no aparecía recogida en la edición de 1973.*

*La editorial ha añadido un epígrafe para cada personaje,
que pretende presentarlos y definir el espíritu de cada uno
de ellos.*

*Nos hallamos por tanto ante un momento histórico de
nuestro país, la España de los años setenta, en la que una
etapa —larga, demasiado larga— llegaba a su fin, y otra
nueva aparecía en el horizonte. Se respira a lo largo del
texto un aire nuevo de libertad, cada vez más próxima y
real. Una España que aspira a la modernidad y al cambio.*

*A lo largo del libro escucharemos voces muy diferentes:
voces poéticas, voces críticas, de todo hay. Podremos conocer a una diva en la intimidad de su hogar, seguir los pasos
de un filósofo despistado, conocer más de cerca lo que sig-
nificó la Gauche Divine, alucinar con un pintor alucinado...*

*Un libro que es, por tanto, un vivo documento de aquel
tiempo, de aquellos años, de aquella España.*

*Amarillo Editora agradece al Arxiu Històric de la Ciu-
tat de Barcelona su buen hacer y su profesionalidad a
la hora de proporcionar los materiales de algunas de las*

entrevistas aquí contenidas. Agradecemos asimismo a Rosa Sender su colaboración y entusiasmo durante todo el proceso de edición de este libro y a Francesc Polop, del Archivo Colita Fotografía, su generosidad y ayuda.

Nota preliminar

En 24 x 24 se reúnen veinticuatro entrevistas realizadas a otros tantos veinticuatro personajes, aparecidas en el diario Tele/eXprés, de Barcelona, bajo el título de «Veinticuatro horas de la vida de...». Naturalmente, la autora no ha pasado veinticuatro horas con ninguno de los personajes entrevistados (cosa que, en algunos casos le hubiera apetecido y en otros no, y que sin duda hubiera fastidiado a quienes accedieron a la charla); sin embargo, agradece su imprescindible colaboración, pues, de no prestarse ellos, inventar las entrevistas hubiera resultado mucho más fatigoso. También agradece a Tele/eXprés *el permiso para publicar esta primera selección, en especial a su director, Manuel Ibáñez Escofet, que dio título a la sección y las primeras instrucciones de cómo escribir entrevistas a quien jamás se le había ocurrido iniciarse en los caminos del periodismo. Y a todos los componentes de la redacción del diario. Y a Colita que, entre foto y copa, suele sonsacar a los entrevistados con su charlatanería habitual.*

A. M. M.

1

JOSEP MARIA CASTELLET

el maestro

¡ALIRÓN, ALIRÓN, CASTELLET ES CAMPEÓN!

Atentado contra el Papa; Mishima, el novelista japonés, se hace el harakiri, momentos después, un amigo íntimo desenvaina una espada, le corta la cabeza y se suicida. Noticias para el fin de semana. Pero el Papa se encuentra en las antípodas, un poco lejos para ir a hacerle las «Veinticuatro horas de...», y el intrépido asaltante, en manos de los psiquiatras, y no me permitirán entrevistarle. Estoy a punto de coger los trastos e irme a Diagonal-Paseo de San Juan para escribir las «Veinticuatro horas» de la estatua de Mossen Cinto[1]. Suena el teléfono. Rosa Regás, editora prerrafaelita, la voz agitada y temblorosa, exclama: «¡Castellet, Castellet!». ¿Han atentado contra el mestre? «No, no, que se lo han dado, se lo han dado». *¿*Qué? *¿Cadena perpetua por los «novísimos»?* «El premio, tonta, el premio». *¡Ah!, ya caigo: el título de Míster Universo.* «No, en Madrid..., medio millón...». *Se corta la comunicación. Madrid, Castellet, medio millón de pesetas. Ah, claro, habrá ganado un concurso en la TV, sobre algún tema muy suyo: noches de Europa, vinos del Empordà o cultura catalana. Hablo de nuevo con la editora de los cabellos de oro. Se trata del Premio Taurus para ensayo crítico. Parece ser que Castellet lo ha ganado con* Iniciación a la lectura de la

---

1. Mossen Cinto: Jacinto Verdaguer [Nota de la editora, así como el resto de notas que aparecerán en el texto].

15

obra poética de Salvador Espriu. *En Edicions 62, donde es director literario, no está:* «Don Josep Maria ha salido para Madrid en viaje de negocios». *Llamo a Eugeni Trías que, como embajador de la escuela filosófica de Barcelona en Madrid, mantiene línea directa con la capital.* «¡El maestro, el maestro! ¡Parece que sí, pero hay noticias contradictorias!». *Unos dicen que ha ganado y que ya está tomando posesión de su sillón en la Academia; otros, que ha sido raptado durante el viaje por un grupo de la «escuela de la berza». Una noticia alarmante: un polemista de* Triunfo *ha sometido al maestro a la rueda de la tortura, piensa mandar el cuerpo mutilado de Castellet a Cataluña dividido del siguiente modo: un pie al Omnium Cultural[2], un brazo a Vázquez Montalbán, el otro a Trías, un pie a Joaquín Molas, una pierna a Bocaccio[3], otra a la Banca, el tronco a Montserrat, la cabeza a los «novísimos»; los últimos representantes madrileños del realismo social se quedan con la lengua de Castellet para pincharla de vez en cuando con agujas al rojo vivo. Triste fin para el que fue Príncep de les Lletres (como solía llamarle Maria Aurèlia Capmany). Llamo a Madrid, a*

---

2. Omnium Cultural: entidad sin ánimo de lucro que desde 1961 trabaja en el fomento y cuidado de la lengua, la educación, la cultura y los valores de libertad de la sociedad catalana.

3. Bocaccio: el gran templo de reunión de la Gauche Divine en la Barcelona de los años sesenta del siglo XX. La sala de fiestas fue creada por el emprendedor Oriol Regàs en 1967. A ella acudían asiduamente miembros de la burguesía catalana de izquierdas, un variado grupo de intelectuales: escritores, pintores, arquitectos, editores, músicos, fotógrafos, cineastas, actrices, modelos, periodistas, diseñadores… Lucía una decoración modernista y en ella se «pinchaba» música importada de Londres o París que no se escuchaba en la radio española. El empresario creó también un restaurante, una sala paralela en Madrid, una agencia de viajes, una discográfica, una productora de cine y una revista con el mismo nombre —que Moix menciona más adelante— cuyo redactor jefe fue Juan Marsé.

Ediciones Taurus, para reclamar para la coqueluche[4] algún objeto personal que el maestro llevara consigo en el momento de su último suspiro: la corbata, las barbas, el pañuelo blanco de la más fina batista adornado con puntillas de Brujas. Hablo con don Jesús Aguirre, director de Taurus y sacerdote «in». Se oye mucho ruido, deben de ser las plañideras. «Que no, que no, que está vivo, tomando copas y contando billetes de mil». *Pido que se ponga al aparato, pero quien se pone es don Jaime Salinas, director de Alianza Editorial:* «El señor Castellet no puede ponerse, está rodeado de ministros, académicos y cardenales». *Luego la voz del novelista Juan García Hortelano:* «Un momento, ahora se pone Castellet, es que está rodeado de señoritas posando para Vogue». *Por fin se pone Castellet:* «Hem triomfat, hem triomfat!». *Sus exclamaciones de júbilo quedan sofocadas por unos cantos extraños. Debe de ser la tuna que ha ido a cantarle aquello de «salid niñas al balcón». Le felicito y cuelgo para que pueda salir al balcón. El jurado del premio era muy serio: tres académicos (Gerardo Diego, Pedro Laín Entralgo y Alonso Zamora Vicente), Emilio Alarcos Llorach y José María Martínez Cachero, catedráticos de la Universidad de Oviedo; Francisco Ynduráin, de la Universidad de Zaragoza, y Francisco Rico, de la Autónoma de Barcelona. Con tanto academicismo no se entiende cómo se ha llevado*

---

4. Coqueluche: persona o cosa que se estima en mayor grado que las demás (*Diccionario histórico de la lengua española*, 2015). Jose María Castellet utilizó cariñosamente este término para dirigirse a los poetas más jóvenes incluidos por él en su conocida antología *Nueve novísimos poetas españoles* (1970), que reunió a los poetas que él consideraba más renovadores de la década de los sesenta. El grupo de los nueve estaba formado por «Los Seniors» (Manuel Vázquez Montalbán, Antonio Martínez Sarrión y José María Álvarez) y «La coqueluche» (los jóvenes, más cercanos a la contracultura: Félix de Azúa, Pere Gimferrer, Ana María Moix, Vicente Molina Foix, Guillermo Carnero y Leopoldo María Panero).

*el premio uno de la coqueluche, el hombre más vilipendiado
en los periódicos de toda la Península. Entre los finalistas
hay personas serias y respetables (Gabriel Celaya, con* In-
quisición de la poesía; *Vivanco, con* Sobre Moratín; *Morán,
con* Novela y desarrollo; *y Pedro Sáinz Rodríguez, exminis-
tro de Educación, con* Los orígenes de la historia literaria
en España*). Más tarde, por línea telefónica, hablo con María Jesús Hortelano para que me cuente las tribulaciones de
un catalán en Madrid.* «Guapísimos, llegaron guapísimos,
el Castellet con un traje precioso que se lo ha hecho, por lo
menos, en Londres, y la Mirete con un vestido maxi...». *(La
Mirete es Isabel Mirete, una mujer con figura de cebra que
está casada con Castellet).*

*Juan Hortelano me cuenta más cosas. El primer telegra-
ma que llegó fue el de la dirección de Bocaccio.* «Aguirre,
el representante genuino de la Gauche en Madrid, excla-
mó: ¡Qué organización!». *Aranguren estaba muy contento:
había triunfado la izquierda. A Salinas, emocionado, se le
saltaban las lágrimas. El poeta Ángel González bebía; otro
poeta del centro, Félix, iba de un lado para otro gritando:*
«¡Esto es la bomba! ¡Esto es la bomba!». *Juan Benet se
lamentaba:* «Y a mí por el "Breve", solo me dieron 5.000
pesetas». *Javier Pradera, refunfuñaba:* «Eso nos faltaba,
después de tanto Múa, Fúa y Azúa, ahora Castellúa». *Ma-
nolo Vázquez, al enterarse del premio, no lo creyó. Tomó
un avión y llegó justo a la hora de la comida.* «Castellet es
el Rexach[5] de la cultura catalana. Barcelona, 6, Madrid, 0».
El Duque de Alba excusó su asistencia mandando una carta

---

5. Carles Rexach (1947) exjugador y entrenador de fútbol español. Fue ayudante de
Johan Cruyff durante los años en que este dirigió al equipo.

18

de felicitación. Después de la comida, Castellet, entre don Américo Castro y don Alfonso Fierro, financiero, lanzó su discurso. En lugar de leer el libro premiado, como hubiera sido lo propio, con aire digno y porte distinguido, lanzó las siguientes palabras: «En este mismo restaurante, hace pocos días, le dieron el premio a Nuria Espert, que es de Hospitalet de Llobregat, ahora me lo dan a mí, y si sigue la racha catalana, es seguro que este año, el Barça gana la Liga».

REINA POR UN DÍA

Al día siguiente, a las siete de la tarde, en el aeropuerto del Prat, unas cincuenta personas esperan la llegada del maestro. Entre ellas, varios amigos de Castellet: el arquitecto Bohigas y esposa, Ana y Eugeni Trías, Albert Ràfols y María Girona, Paco e Isabel Todó, Rosa Regàs, Colita, que con sus propias manos ha confeccionado una banda color verde y una corona de siemprevivas para imponérsela al maestro. Mientras llega el avión, se hacen comentarios sobre cómo se gastará Castellet el medio millón. Alguien calcula que podrá comprar dos mil botellas de whisky y un joven poeta dice que con el dinero debe fundar un premio de poesía catalana. Con lo presumido que es, seguro que se lo gasta todo en camisas, trajes, y se comprará ese abrigo de pieles con el que sueña desde que publicó su primer libro. Una fan de Castellet se pone pálida: «No sé què tinc, no sé què tinc» *y se desmaya de la emoción. Llega un avión y aparecen Castellet y su mujer:* «Hem vençut, hem vençut!», *exclama. Las cincuenta personas que lo esperan*

*aplauden frenéticamente y cantan una canción compuesta
por un novísimo:*

Maestro por todos amado,
en todo el globo loado
por fin has ganado.

Trías le impone la banda, una señorita la corona, las mujeres le regalan rosas y gladiolos, algunos admiradores se han traído sus antologías y se las hacen dedicar. «Si no he hecho nada —*dice emocionado el maestro*—, no hay para tanto, no he hecho más que cumplir, yo soy un hombre sencillo, ya lo sabéis, trabajador… Todo lo he hecho por vosotros…». *Empleados del aeropuerto y viajeros observan extrañados. Una niña pregunta a su mamá quién es ese señor que está a punto de perecer ahogado debajo de los gladiolos. La mamá responde que se trata de un actor inglés muy famoso. Una jovencita se acerca al grupo de exaltados admiradores.* «Que és el de la televisió aquest noi?». «No, senyora, no, és un escriptor». «Ah, com don Eugeni d'Ors?». *Más o menos. Castellet sigue exclamando entre abrazos y flores:* «Hem triomfat! Hem triomfat!». *Un señor, admirador sin duda, lo coge por los hombros y mirándole fijamente a los ojos, le dice:* «Ja ho sabem, estimat Josep Maria, que tot ho has fet per la nostra terra». *Y a una señal suya, unos veinte muchachos con barretina, lo levantan y lo sacan a hombros. Un cortejo de coches siguen por la autopista al autocar de los de la barretina que, muy discretos, se limitan a depositar a Castellet en su propia casa. Allí, abarrotando la escalera, gente que no ha podido entrar en el piso y hace cola para entrar a saludar, aunque solo sea un momento, y poder besar su mano. Castellet, tendido en un sofá, abre telegramas. Uno muy hermoso de Celaya, derrotado en el premio: «Mis felicitaciones. ¡Te mataré!». Un telegrama del Omnium. Montse Esther e Isabel Bohigas: «Això és la pera. Saltar i Parar»*[6]. *Joan García Grau, Mario Vargas Llosa, Massiel, Víctor Mora. La mujer-cebra (Isabel Mirete) llena copas de champán. Llama Terenci por teléfono: «Josep Maria, ara que tens diners podrem tornar a Egipte». Telegrama de Óscar y Beatriz Tusquets. Llaman Teresa Gimpera y Pere Quart (por separado). Conferencia de Juan Goytisolo desde Boston. Salvador Espriu, emocionado. Un «telex» de Esther Tusquets, directora de Lumen. Castellet, tendido en el sofá, completamente enterrado bajo flores, cartas y telegramas, está a punto de sucumbir. El precio de la gloria. Rosa Regàs, la inquieta editora, nunca se sabrá si por el champán o por una profunda admiración y sincero afecto hacia el maestro, nos invita a todos a cenar en Via Veneto, en homenaje al agotado maestro. Los camareros desfilan portando antorchas y exhibiendo salmones. La mujer-cebra se destornilla de risa. Una señorita pregunta si pueden servirle un «Castellet à l'orange». Durante la cena, Carlos Trías me propone hacer la contestación, pero el maestro nos sonríe desde el otro extremo de la mesa, y Carlos Trías se deshace como un flan: «¡Si es tan humano!». Alguien asegura que Espriu ha dicho que esta noche quiere ver a Castellet en Bocaccio, y se le espera hasta las cuatro de la madrugada. «Tan tard, ja no vindrà», dice*

---

6. Saltar i Parar es el nombre de la *boutique* que Montse Esther e Isabel Bohigas abrieron en 1966 en Barcelona. En ella se vendía ropa muy diferente a la convencional, así como regalos, objetos étnicos… Llegó a ser un espacio de visita recurrente para muchos de los miembros de la Gauche Divine.

Castellet, y él y la mujer-cebra desaparecen por la puerta de atrás. En su escapada, Castellet, cual cenicienta, ha perdido un zapato que recojo y guardo religiosamente.

UN HOMBRE SENCILLO
Y TRABAJADOR

A la mañana siguiente, a las ocho, voy a ver si el zapato encontrado era de Castellet. Está desayunando, vestido y dispuesto para acudir al trabajo. La mujer-cebra (Isabel Mirete, traductora, y hay quien dice autora del libro premiado) me invita a desayunar. Tomo tres o cuatro cafés. Hay que hablar un poco del libro y de Espriu. Castellet aparece fresco como una rosa, siempre con este aire de estudiante de Filosofía y Letras que ya ha terminado la carrera pero que aún le falta presentar la tesis. Porcel decía en una entrevista que tenía cara de pajarraco carnívoro: cierto. Tengo mucho sueño y la cabeza espesa. El pajarraco y la mujer-cebra desayunan con música de Bach. «Despeja», asegura la mujer-cebra mientras se dispone a leer un libro de Trostky. Bueno, hay que hablar del libro. «Empieza —dice Castellet— con una cita de Eliot: "La patria es de donde partimos. A medida que envejecemos el mundo deviene extraño, y la imagen de la muerte y de la vida más ininteligible. No el intenso instante aislado sin pasado, sin futuro, sino el tiempo de una vida, que arde, en todo momento, y no solamente el tiempo de la vida de un hombre, sino el de las viejas piedras indescifrables". Así, Espriu surge de Cataluña y, siguiendo la cita de Eliot, no se refiere solamente a la vida aislada del poeta en su tierra, sino que hace referencia a todo un pasado, que es el de la tradición espiritual de toda la humanidad, inscrita en esas viejas piedras indescifrables que son las grandes obras de la literatura universal. El libro explica —o intenta explicar— la vinculación de Espriu a toda la tradición cultural desde la mitología griega y las grandes obras de la cultura occidental. La "forma" que adopta la poesía de Espriu es la de los más importantes autores contemporáneos: Eliot, Pound, Joyce. Para estudiar la obra de Espriu he adoptado una cierta metodología estructural». *Recuerdo que durante el último verano uno solía encontrar a Castellet, a altas horas de la madrugada, por esos bares de Dios, agotado: explicaba que estaba trabajando en un libro sobre Espriu que le llevaba mucho tiempo. Y contento, exclamaba:* «¡Ya he encontrado otro símbolo metafórico, ya he encontrado otro símbolo metafórico!». «La obra de Espriu —*dice ahora*— está llena de imágenes, metáforas y signos metafóricos. Por ejemplo, cuando Espriu habla de las abejas resplandecientes que acompañan "al reposo de la luz", a la "canción muerta", se trata, probablemente, de las lágrimas del Dios del Sol, puesto que en la mitología del antiguo Egipto las lágrimas de Ra, cuando caían sobre la tierra, se convertían en abejas». *En la prensa madrileña se ha anunciado la próxima obra de Castellet:* Ética de la infidelidad. «Antes —*dice*— tengo que hacer un prólogo a la versión francesa de la última novela de Juan Goytisolo, un prólogo a *Los jefes*, de Mario Vargas Llosa, para Barral Editores, y otro para *La imaginación liberal*, de Lionel Trilling. Para Alianza Editorial preparo *Narrativa catalana contemporánea*. En cuanto a la *Ética de la infidelidad* aún es pronto para hablar de ella. La frase más horrorosa que se ha escrito jamás es esa de "ser fiel a sí mismo" porque en ella se escuda la gente que no acepta el cambio y la evolución». *La mujer-cebra avisa de que ya es hora de ir al trabajo. Si tuviera medio millón, yo no iba al trabajo. Pero Castellet es un hombre sensato y trabajador y hoy acude a Edicions 62 como si tal cosa. Antes, pasamos por la Banca Catalana donde Castellet ingresa el cheque. En la Banca, alfombrada con moqueta azul, el señor Pujol y otros consejeros salen al encuentro de Castellet para felicitarle. Después, en Edicions 62, Vallverdú, Fábregas, Anna March y otras señoritas arrojan claveles al paso del vencedor que avanza, coqueto y con la sonrisa en los labios, con naturalidad, como quien no quiere la cosa.* «Hem triomfat, nenes, hem triomfat!». *Llamadas durante toda la mañana. Ana María Matute desde Sitges, J. V. Foix, Carlos Barral:* «Los premios llegan cuando ya no se necesitan. Esto es como consagrar a Edmud Wilson». *(Ursula Andrews de la crítica americana), J. García Soler, J. Fuster, J. Pla, G. García Márquez, Mercè Rodoreda, Martí Filosia, Vidal Teixidor, a quien está dedicado el libro ganador, psiquiatra de la Gauche, Brossa, que le dedicó un poema:* «Aquesta és la paret on la jovenalla va a jugar a pilota». *Un telegrama de Liz Taylor y Richard Burton, con quien Castellet debe de mantener amistad desde los tiempos a los que pertenece un recorte de periódico que tiene ampliado en su despacho:* «Liz Taylor leaves Burton for J. M. Castellet». *Marcuse; otro del último Nobel. Conversaciones cortas:* «Nuestra vida cultural es triste, y hace años que dura. La gente se lo toma todo por lo trágico y no hay ni una brizna de humor. Las polémicas son agrias y aburridas y destilan los pequeños venenos de la mediocridad. La renovación tiene que venir a través de la ironía crítica, que tiene que empezar por uno mismo. Los intelectuales estamos demasiado influenciados por los mitos políticos y culturales. La mayor parte de la gente se mece en las alineaciones de los mitos de la sociedad de consumo. Avanzamos dando tumbos y solo se encuentran unas cuantas individualidades serias y responsables. Por ello, tengo un gran respeto por algunos intelectuales libres y, especialmente, por gente anónima que uno encuentra, de vez en cuando, de un especial candor. ¿Qué intelectuales? No sé..., algunos escritores catalanes que llevan muchos años impávidos frente a las adversidades, gente de entereza moral. ¿El premio? Un feliz accidente que ya pasó. ¿Las ideologías? Solo son válidas las que se proyectan sobre la utopía. ¿Mi generación? Mal, pero no la peor: ha sabido rectificar errores sobre la marcha, es decir, es poco nostálgica, quizá porque nuestra juventud fue mediocre y aburrida. No soporto a la gente que no es capaz de cambiar, razonando el cambio». *A comer. La mujer-cebra ha preparado raviolis. Dicen que el libro lo ha escrito ella.* «No, lo he escrito yo solito, pero sin el apoyo que me ha prestado Isabel, seguramente no lo habría escrito. Era un libro que deseaba escribir hace mucho tiempo, pero nunca me decidía. Isabel ha estado casi todo un año incitándome a que lo escribiera, casi obligándome». *La mujer-cebra debe de ser como Zenobia. Un par de copas y puro, me entra un sueño mortal. Me voy. Le pido a Castellet (ahora que es rico) diez duros para el taxi.* «Toma, te doy veinte». Barbudo, guapote y generoso.

5 de diciembre de 1970

25

2

JOSÉ DONOSO
el viajero impenitente

MÁS *BOOM* IBEROAMERICANO

José Donoso, chileno, conocido ya del lector español por sus novelas Coronación *(Seix Barral, 1968),* En un lugar sin límites, Este domingo, *y dos libros de narraciones:* Veraneo y El charleston, *publica ahora su última novela:* El obsceno pájaro de la noche, *cuya elaboración lo ha ocupado durante ocho años, y que Carlos Barral califica de «obra mayor que asegura a José Donoso un puesto definitivo a la cabeza de la generación de narradores latinoamericanos que constituyen hoy la vanguardia de la novela en lengua española».* Tras la lectura de El obsceno pájaro de la noche, *los detractores del* boom *se llevarán un disgusto y habrá que unir el nombre de Donoso a lo mejor de Vargas Llosa o García Márquez. Donoso, aventurero como Hemingway, partió de su país y trabajó de ovejero en el estrecho de Magallanes. Después recorrió la Patagonia trabajando con camioneros hasta llegar a Buenos Aires, donde se empleó como apuntador en el puerto. De regreso a Chile, por enfermedad, estudió en la universidad especializándose en literatura inglesa. Como Scott Fitzgerald, estudió en Princeton. Otra vez en Chile, fue profesor de la Universidad de Santiago y periodista. En 1961 se casó con la pintora María del Pilar Serrano y empezó a escribir* El obsceno pájaro de la noche. *Viajó por Estados Unidos con motivo del lanzamiento de la primera edición norteamericana de* Coronación *(Premio William Faulkner de novela). Durante su primer viaje a México, y en casa de Carlos Fuentes, es-cribió* En un lugar sin límites *(Joaquín Mortiz, 1965) y du-rante el segundo, esta vez en Cuernavaca, escribió su tercera novela,* Este domingo. *Hasta junio del 67, trabajó en el Wri-ters Workshop (Taller de escritores) de la Universidad de Iowa, el más prestigioso de los Estados Unidos, que dirigía el poeta Paul Engle. En 1967 Donoso se trasladó a Europa. Vivió unos meses en Portugal y pasó luego a España: Ma-drid, después Mallorca, trabajando siempre en la redacción de su voluminosa novela que terminó en verano del 69 en Juenga (Santander) y que antes de su aparición ya ha sido contratada por Alfred A. Knopf, de Nueva York; Jonathan Cape, de Londres; Éditions du Seuil, de París; y Bompiani, de Milán.*

SEIS EN LA CARRETERA

José Donoso reside ahora en Barcelona, en Vallvidrera. Barbas blancas y cabello lacio, mirada preocupada y son-risa retraída, aparece con aire mezcla de caballero erran-te y aristócrata arruinado. Sesudo profesor de universidad y mal estudiante, pícaro y coquetuelo. Recientemente ha adquirido una casa en Calaceite (Teruel) con intención de encerrarse a escribir su próxima novela. A las nueve y media de la mañana, los Donoso me esperaban con el «seiscientos» en marcha para dirigirnos a Calaceite y mostrarme la mansión. Con Pepe Donoso, su esposa, Ma-ría del Pilar, quien, hija de diplomático, ha residido en todas las cortes europeas y fue elegida «Mujer elegante» en la corte de Faruk[7]. Se parece a la señora de los billetes de cien, aunque Terencio afirma que su rostro posee todas las características de la raza egipcia y le ha otorgado el título de «Nefer de Barcelona». Y en el Terenci del Nil[8] *la invoca así: «Embolicada en el seu maxivestit de pell de serp, que encara la fa més faraónica, Pilar Donoso recula cap al fons del temps i projecta davant meu el film, ja pansit, d'una aristocràcia extingida amb la Història». La baca del «seiscientos» va llena de plantas, camas, lámparas, un laurel tallado en piedra, alfombras de esparto, tapicerías y un objeto que llama la atención: un maniquí femenino. ¿Para qué querrán los Donoso un maniquí en Calaceite? La respuesta también me sorprende: «Lo llevamos para adornar la casa». El «seiscientos» se pone en marcha.* Conduce María del Pilar. «Eso de conducir —dice Pepe Donoso— me parece algo propio de locos». *En el asiento de atrás: Pilarcita, la hija de los Donoso, Pelegrín, un perro carlín bajito y redondito, y yo, que al comprobar que soy la más alta de los tres me pongo contenta. Por Garraf el viaje se complica. La niña quiere hacer pipí. Después del pis, y emprendida de nuevo la marcha, la niña quiere conducir. Se le explica que es muy peligroso, y hace gala de unos envidiables pulmones y terroríficas cuerdas vocales al prorrumpir en estrepitoso llanto. Pepe Donoso se compadece y sienta a la niña en la falda de la mamá. La niña, ya sin llorar, se siente importante, dueña de la situación,*

---

7. Faruk de Egipto (1920-1965) fue coronado rey con tan solo dieciséis años. Con el tiempo su reinado se volvió impopular por su modo de vida lujoso, despilfarrador y extravagante. No obstante, trajo algunas mejoras a su pueblo, como la sanidad pública y la enseñanza obligatoria. Finalmente fue derrocado y murió en el exilio rodeado de todo tipo de privilegios.

8. *Terenci del Nilo. Viaje sentimental a Egipto*, Terenci Moix, Barcelona, 1983.

en este rally *no puede escapársele el triunfo final: coge el volante con sus pequeñitas manos y casi termina aquí este reportaje. Frenazo. Bocinazos. Insultos del conductor que venía de frente y por lo visto es de la opinión de que los niños de tres años no deben conducir por la carretera. Pelegrín, el perro, se siente celoso y también se pasa a la falda de Nefer de Barcelona. Afortunadamente, no tiene manos y no puede apoderarse del volante. Milagro: llegamos a Sitges. Se considera la posibilidad de tomar un trago con Ana María Matute, pero las once es una hora impertinente. Un ruido. Bocinazos. Algo ha caído de la baca. El maniquí. Paramos. La niña hace pis, recogemos a la señora de yeso y la metemos en el coche, de través, es decir, yo me quedo con la cabeza y el tronco de la señora y Donoso con las piernas. La señora de yeso muestra expresión de desconcierto: no sé si le gusta su nueva situación, la compañía, desde luego, es buena. En Calafell, María del Pilar-Nefer se lamenta de lo poco que le va la fealdad del pueblo a la belleza de Carlos Barral. Y el viaje prosigue por el desvío de Valls hasta Hospitalet del Infante. Donoso se queja de la fealdad de la costa. El Mediterráneo es un mar pequeño burgués, nórdico, gótico y con tanto* camping, *hoteluchos y pancartas, no queda nada del prestigio que tuvo desde Homero hasta hace algunos años. La única posibilidad es tirarse tierra adentro. La niña quiere comer. El auto se llena de Chupa-Chups. Muy cortés, me da uno. Se lo paso a la señora que tengo entre los brazos. Mora de Ebro:* «Ya entramos en una España que no es solo *snak-bar* y en la que las vacas no son de Veterano Osborne», *dice Donoso volviendo la cabeza, incómodamente, puesto que la tiene aprisionada por las piernas de la señora de yeso. Hacia la* derecha: *Gandesa, rumbo a Calaceite. Olivos, viñas, montañas abruptas a lo lejos.* «Este paisaje, antes, no me gustaba. Siempre me gustó el paisaje umbrío, los castaños, las hayas, la humedad, helechos, hojas rojas en otoño... Pero los paisajes son como las mujeres: a mí me gustaban pequeñas, rubias, frágiles, silenciosas (y aún me gustan). Pero nunca me enamoré de una mujer así, y me he casado con una mujer grande, morena y habladora». *Ya en Calaceite, llegamos a la fonda de don Enrique Alcalá.* «Es un hombre serio, fino, culto, un gran lector. En España, es la única persona que al ver a Pelegrín ha adivinado que se trata de un carlín». *Sale Genaro, que se hace cargo de los bultos y de la niña, que vuelve a hacer pipí. Después de saludar a los abuelos y a doña Adoración, los Donoso suben al pueblo.*

PIEDRA Y VINO

«Este pueblo, para mí, es algo inédito. Hace tres años que vivo en España y no había visto un mundo tan alejado de la sociedad de consumo». *En la plaza, viejos vestidos de una pana tan negra que ya es verde, discuten en un idioma mezcla de catalán y castellano. Casas solariegas, de piedra, en buen estado. Iglesia barroca, balcones tallados, calles sosegadas, todo muy limpio.* «Es un pueblo activo, vivo, del cual la juventud no se ha ido. He visitado infinidad de pueblos y solo he encontrado miseria y atraso. En cambio, Calaceite es muy vivo, es del siglo XVII, pero no es que no haya progresado, sino que ha conservado sus virtudes de otros tiempos y espero que también sus vicios, más imaginativos que los nuestros.

Este pueblo ha tomado conciencia de su belleza y en lugar de disfrazarla, venderla, sus vecinos se han dedicado a quitar de las fachadas los feos enlucidos de principios de siglo y han dejado la pureza de los sillares y de las piedras nobles, gracias a la obra del alcalde y del secretario, que son muy activos». *La casa de los Donoso se halla encaramada cerca del castillo, una especie de madriguera donde se refugiaban los gitanos durante la recolección de olivas.* «El centro de los gitanos, por supuesto, está en Reus». *La casa es enorme, un verdadero palacio.* «La planta es increíblemente compleja, ha ido creciendo a través de los siglos sin ningún orden, y deshacerse de materiales innobles y poner orden es una aventura apasionante». *Abel Bielza, el maestro de obras, espera a Donoso para parlamentar. Discuten: el ancho de un pasillo, que baje una viga para convertirla en balaustrada. No entiendo nada.* «Al derruir parte de la casa para construir el jardín descubrimos dos bóvedas que se abren al jardín natural y lo amplían. Así ha quedado un jardín a dos niveles». *Lo veo, pero no lo entiendo. Pienso en la posibilidad de que todo se venga abajo y pase a mejor vida. Don José María Suñer, amigo de Donoso, nos invita a su casa, a tomar un vinillo de su cosecha. Bajamos a la bodega y a la luz de un candil bebemos vino del siglo XX entre piedra del XIII. La casa resulta ser el antiguo palacio Moix: coincidencias de la vida que me hacen sentir como en mi propia casa y me sirvo el doble. Es tiempo de tordos. En la fonda, doña Adoración nos los sirve exquisitos, y unas patas de cerdo que los Donoso celebran sincera y cumplidamente. Se toma un vinillo sin importancia, pero sabroso. Y todos desaparecen para dormir la siesta. Aprovecho para terminar de leer la novela de Donoso. No contaré el argumento, ni el final. Sí que es demoníaca, delirante, apasionante, sorprendente y desbordante. Da bastante miedo. Sale una mansión habitada solo por monstruos, brujas.* Una casa donde viven viejecitas aterrorizadas por el hambre y el abandono en compañía de un sacristán mudo, que se pasa de listo. Las cosas que allí suceden sobrepasan lo imaginable. *Aparecen los Donoso, después de la siesta, frescos, elegantes y sonrientes. ¿Será autobiográfica la novela?* «Sí, como toda novela. *El pájaro* pertenece a la escuela del realismo social. Trato una irrealidad como si fuera real, una fantasía como si fuese realismo social». *Donoso se ha despertado de buen humor.* «Ya lo dijo Shakespeare: "Hay más cosas en el cielo y en la tierra que lo que pueda concebir tu imaginación". Siempre se concibe la literatura como algo fuera de sí misma, esto me harta. Literatura con misión, literatura con estandarte, ¡al cuerno! Si esto fuera cierto, uno escribiría fábulas como La Fontaine, con moraleja al final, y no la *Recherche* o la *Historia de Genji,* que son esencialmente libros para encontrar o para no encontrar nada, o para encontrar una estructura, un orden dentro de un desorden, un orden en el que no se cree sino dentro de un orden literario. Yo no sé por qué escribo. Esto no significa la no estructuración de mi mundo, pero sí que el mundo estructurado por el artista tiene leyes internas, como el del esquizofrénico. Las leyes internas son envolventes y no se puede juzgar esa coherencia interna con las leyes del mundo exterior. A mí el realismo me interesa apasionadamente como la rama más interesante de la literatura fantástica». *Los Donoso vuelven a ver la casa. Esta vez, Donoso, en lugar de discutir con el maestro de obras, discute con su mujer. Pilar-Nefer quiere una cocina espaciosa.* «Me parece un desperdicio, prefiero que el jardín gane terreno». *Damos una vuelta por los alrededores: Valderrobles, la Fresneda, pueblos de piedra pintados de azul. Paseamos por la huerta del Matarraña, un río que circula con escasez de agua. Me pregunto por qué ahora los escritores sudamericanos se instalan en Barcelona.* «Barcelona es una ciudad extranjera respecto a España. España es un país extranjero en una ciudad extranjera dentro de su país, extranjero dentro de su continente. En el propio país te imponen ser útil, en el extranjero puedes imponer tu forma de utilidad. Barcelona es una de las ciudades bonitas que quedan, ha conservado su forma, no como Madrid, que se desfigura eternamente».

SOLO DE TROMPETA

Regresamos a Calaceite. La niña, que se quedó jugando por las calles, ha desaparecido. Los Donoso no se inquietan. Ya la traerán. Al cabo de poco rato me sobresaltan los toques de una trompeta. ¡La guerra! Se trata del pregonero. «Se hace saber que han encontrado a una niña, rubia, ojos azules, bastante llenita, dice llamarse Pilarcita y tener tres años. Se ruega a los interesados que pasen por el Ayuntamiento...». *Vamos al Ayuntamiento. La niña ni llora, ni está asustada ni nada. Se lo ha pasado bomba perdiéndose. Suele suceder. Cuenta que ha encontrado un caracol y ya le ha puesto nombre. Naturalmente, el del padre: Pepe. Cenamos temprano para regresar a Barcelona. Ya tengo ganas. La compañía de los Donoso resulta divertida, cálida, amable y todo cuanto se pueda desear. Pero a mí eso*

*de tanto verde, tanta quietud, tanto silencio, me escama. El
aire puede ser muy sano, pero noto que me resfrío. Para mis
pulmones es mejor el aire infectado de la ciudad.* Los ruidos, el teléfono, las voces del piso de al lado, que ahora me
pilla un coche, que ahora lo pillo yo..., estas cosas animan
y despejan. *Ya en el «seiscientos» la niña no tiene pipí ni
hambre: se está durmiendo. La señora de yeso se ha quedado en Calaceite y se la echa de menos. Pilar-Nefer conduce muy atenta, muy digna. Donoso le da instrucciones
porque a cada momento se desvía de la carretera principal, se pierde. Yo también me pierdo, resulta que el vinillo
de Calaceite se sube, produce ese calorcillo agradable que
predispone al sueño, y me voy desintegrando, como los
personajes de Donoso, y, en duermevela, se mezclan imágenes: la huerta del Matarraña, el jardín a dos niveles, las
barbas de Donoso y los ojillos penetrantes, que me cuenta:*
«Sí, es cierto, en mi obra casi nunca aparecen seres madu-
ros; solo viejos o jóvenes. Son dos estados anárquicos. La
vejez no me interesa como problema social o sentimental,
sino como separación de un juego de leyes que funcionan
en sí, en ese mundo cerrado de la vejez...», *veo las patas de
cerdo que me he zampado, mi gato que se habrá quedado
encerrado en la terraza, Pilarcita que pedía pis y ya duerme
sin pedir pis y, ¡ah, caray!, tengo ganas de..., tendré que
esperar a llegar a Barcelona.*

12 de diciembre de 1970

3

GONZALO SUÁREZ

el arte cinematográfico como proyección
de uno mismo

SUÁREZ TUMBA A LA COQUELUCHE

Hará unos siete años el poeta Pere Gimferrer nos llevó, al novelista alicantino Vicente Molina Foix, a Terenci y a mí, a visitar a Gonzalo Suárez, recomendándonos guardar la compostura durante la entrevista, pues Suárez era una persona muy seria. Encontramos a Suárez boxeando en la cocina de su casa. Al vernos nos tendió un par de guantes a cada uno. Primero tumbó a Molina Foix, después a mi hermano, a Gimferrer no lo tumbó porque, ligero, ya había huido hacia la terraza, y a mí tampoco porque debió de respetar o las faldas o la cara de pavor. A continuación, nos hizo imitaciones de Drácula, Charlot, Hitler, James Dean, Marlon Brando, Monty Clift y Robert Mitchum. Aumentaba de estatura, disminuía, se le alargaba el rostro, le salían mofletes, cambiaba de voz, surgía un clavel de su boca, se sacaba el tomazo del Quijote *del interior de un zapato. De repente se puso muy serio y empezaron a hablar de literatura durante tres horas. Grave, parecía realmente sumido en la preocupación del quehacer literario. Mientras me ganaba al ajedrez, daba la vuelta a las cuestiones planteadas por los jovencitos literatos, les planteaba de nuevo y volvía a darles la vuelta con la misma rapidez con que boxeaba o me iba comiendo peones, ora un caballo, ora el alfil. Y el jaque mate llegó con la misma sutileza con que manejaba un fino y respetuoso sentido del humor para desbaratar las argumentaciones de aquellos jovencitos. Nos regaló sus libros:* De cuerpo presente, Trece veces trece, Los once y uno *y* El roedor de Fortimbrás. *Después, cuando la crítica española descubrió a Cortázar y a Borges, se ocuparon de Suárez como de un sucedáneo.*

SUÁREZ TUMBA A GOL

Cae la tarde. Desde el ático de los Suárez se ven brillar las lucecitas del Tibidabo. Dos niños juegan al ajedrez (Silvia, ocho años, y Gonzalito, siete). Anne-Hélène, nueve años, pinta un cuadro: un caballo blanco persigue a un gato entre frondosos árboles. «Papá está boxeando con Gol». *Otra víctima, pero en ese caso no se trata de ningún joven poeta. Gol es el perro de los Suárez. Por el pasillo me cruzo con la mujer de Suárez.* «Está resultando un combate muy reñido». *Efectivamente, el perro, cuando ve que se acerca el guante, se lanza y lo agarra con los dientes. Hay público. Un joven con barbas que ha planteado la pregunta de siempre: ¿y el papel de la realidad en la obra de arte? Tres minutos de descanso, Suárez se dirige a su rincón y contesta:* «Lo que llamamos realidad es lo que nos hace tan infelices como ahora somos. Para los demás, realidad es una serie de estructuras convencionales que han aceptado y que consideran inamovibles porque les da miedo ver que solo se trata de un espejismo colectivo. Por otra parte, este espejismo, que nos tiene a todos. Para mí, la realidad no deja de ser una convención, pero una convención que en ningún momento intenta ser otra cosa. La concepción burguesa del arte, y de la vida, está basada sobre juicios de medida en que parece una flor de verdad, y la belleza de una flor de verdad radica en que parezca de porcelana. Otro tanto sucede con la vida, que les interesa cuando parece una película, por la misma razón que las películas les interesan solo en la medida en que se parecen a la vida. Esto crea un circuito cerrado que no permite que se produzca ninguna evolución real. La única solución real, a mi entender, si es que la hay, radicaría en intentar saltar fuera de este circuito viciado, aun a riesgo de perder todo contacto con la llamada realidad». *El joven barbudo insiste. Gol le enseña los dientes. Llega la hora de cenar. Suárez me propone un jueguecito, un problema que puedo tardar días en resolver. Se trata de unir seis puntos, trazando cuatro líneas sin levantar el lápiz del papel.*

    .   .   .

    .   .   .

    .   .   .

Durante la cena no presto atención a la discusión entre el barbudo y Suárez acerca del papel de la realidad en la obra de arte, porque los seis puntitos me obsesionan. Tampoco me entero de la película que dan por televisión. Solo de que Suárez va murmurando: «Este cine estaba muy bien, pero ya no es posible».

EL AMIGO DE LOS ANIMALES

A la mañana siguiente, me presento en casa de Suárez dispuesta a rendirme y a que me dé la solución al problema de los seis puntitos. Me dicen que ha salido, pero que puedo encontrarlo en el zoológico. *Mañana soleada. Hace tiempo que no he visto a los osos. Doy varias vueltas por el zoo. Encuentro a Suárez frente a la jaula del chimpancé pelirrojo. Se miran fijamente a los ojos. Se sonríen. Suárez le dice algo, pero el chimpancé pelirrojo no contesta.* «Ese es muy amigo mío, le tengo un gran aprecio. Los chimpancés más gordos que he visto están en Londres que, dicho sea de paso, tiene un zoo que se ha quedado viejo, es muy tristón. Esto es lo que pasa por no saberse renovar a tiempo. Al cine, sin ir más lejos, le está pasando igual, si quitamos algunos chimpancés, lo demás ya no vale para nada». *Propongo ir a ver los osos y los leones, que es lo que me gusta. Pero no hay quien arranque a Suárez de la jaula de los chimpancés. ¿Qué les unirá?* «Lo mismo que a usted, señorita, todos hemos bajado del mismo árbol». *Eso dicen.* «Bueno, la verdad es que hay algunos hombres que aún no han bajado del árbol». *Recuerdo que, en* Fausto, *la última película estrenada de Suárez, salían las jirafas del zoo de Barcelona. Propongo ir a verlas para salir del recinto de los chimpancés. Así, encerrados en jaulas, dan cierta pena.* «Lo mismo que nosotros fuera». *Jirafas, rinocerontes, hipopótamos, cebras. Han prohibido echar comida a los animales y uno no puede acercarse demasiado a ellos.* «Me gusta ver a los animales, porque me da la sensación de poder comunicarme con ellos y comprenderlos de una manera más directa, más esencial. Precisamente, uno de mis proyectos es crear una cinemateca para animales. Les pasaría únicamente las películas que llamamos "realistas", "políticas", "humanas", en fin, trascendentes, para que se rían». *¿Les pasará* Aoom[9], *su última película?* «Sí. Precisamente en el Festival de San Sebastián ya la vieron muchos orangutanes». *¿Les gustó?* «A los que eran partidarios de bajar del árbol, sí, a los que creían que era posible quedarse comiendo nueces arriba, no. Mira, mira». *Suárez señala cerca de la boca del hipopótamo, que ha apoyado su enorme bocaza en el césped y un ratoncito le husmea los bigotes. El hipopótamo abre la boca y gruñe: «Aoom». No se come al ratón. Seguramente ha visto la película de Suárez y quiere demostrar que lo ha reconocido.* «Aoom es una especie de diagnóstico de lo que nos está sucediendo. Quisiéramos salir de nuestro cuerpo porque nos encontramos feos y aburridos, y, sobre todo, frustrados, pero no podemos ir muy lejos porque nuestro medio ambiente no nos lo permite. Antes de *Aoom* yo pretendía no tener en cuenta ese medio ambiente, pero después de *Aoom* tengo que reconocer que vivo en un país de sabios ocultos que aparentan ser mediocres en la mediocridad, con la sabiduría natural del camaleón. Cualquier tentativa en otro sentido está abocada al fracaso. Que conste que eso lo digo sin ninguna amargura ni resignación, sino con la alegría de haber comprendido, al fin, el verdadero papel en el desarrollo de los acontecimientos mundiales, y al que todos podemos contribuir disimulando, a nuestra vez, cualquier pretensión de parecer

---

9. *Aoom*: película estrenada en 1970, con guion del propio Suárez y de Gustavo Hernández. Protagonizada por Teresa Gimpera y Lex Barker, se trata de una película experimental ambientada en Asturias que en su momento no tuvo ningún éxito comercial.

mejores en beneficio de la armonía colectiva. En este contexto lo consecuente es aparentar ser un intelectual alicorto, o un zafio comerciante, y hacer películas en consonancia con estos presupuestos. La película es la historia de un hombre que se sale de su cuerpo y se mete en el de una mujer. También hay un detective que se cae de bruces en todas partes. Algunos orangutanes han protestado porque dicen que no es bueno mezclar la angustia con lo cómico, puesto que son platos que suelen servirse en diferentes menús, pero yo sostengo que la mezcla de lo grotesco y lo sublime es algo muy adecuado en este país nuestro que es en muchos aspectos tragicómico. Bueno, el que esté contento de su propio cuerpo que no vaya a verla, pero aquellos que no estén del todo satisfechos, yo creo que pueden echar un vistazo para saber qué les puede pasar. De todas formas, considero que el cine es un arte que nos proyecta fuera de nosotros mismos y, en esa medida, lo que sí sostengo es que *Aoom* es una experiencia cien por cien cinematográfica. Por esto estoy impaciente, para presentarla al público y comprobar cuál es su reacción. La historia que cuento nos ha pasado a todos, ¿quién, antes de nacer, no ha sido proyectado del cuerpo de su padre al de su madre? Esto es *Aoom*».

GOL MARCA GOL

Antes de comer, un poco de ejercicio en la terraza. Hoy no toca boxeo, hoy toca fútbol. Suárez con camiseta del Inter. Gol, el perro, juega en pelotas con la pelota. «Es un perro muy noble, sabe perder». *Pero hoy gana. Suárez, 0; Gol, 1.*

Luego los dos a la ducha, juntos. Anne-Hélène, la hija mayor, sigue pintando el caballo blanco que persigue al gato entre los árboles. Los dos pequeños continúan jugando al ajedrez. Suárez me da la solución al problema de los seis puntos. «Solo lo ha solucionado un chino. El secreto radica en que las líneas que se trazan pueden salir fuera, quiero decir fuera de la estructura que la mente, sin tener por qué, forma con los seis puntitos».

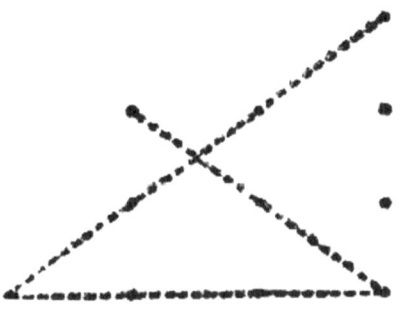

Terrible humillación. No lo soporto. Digo que tengo trabajo y me voy. Suárez también tiene trabajo, prepara una nueva película. «En Londres escribí el guion de una película que será una auténtica sorpresa. Le debo mucho a Sam Peckinpah, que es un perro hermano mío y director de *Grupo salvaje*. Me ha ayudado decisivamente a comprender cómo y por qué debía seguir adelante. Nos hemos prometido mutuamente que no haremos ninguna película sin habernos supervisado mutuamente nuestros respectivos guiones. Me regaló la cazadora con el pañuelo que le había robado a William Holden. Con estas dos cosas, si no hago una película de éxito, me retiraré a plantar coliflores».

Se mete la mano en el bolsillo y me da una piedra. «Te la regalo». *Por lo dicho anteriormente, el regalo lleva mala intención. Si con la piedra de Suárez no escribo un buen libro, tendré que retirarme. Tras exhaustivos entrenamientos con Suárez y su perro, ficharé por el equipo femenino del Barça.*

23 de enero de 1971

4

CARLOS BARRAL
el mar, siempre el mar

LA CASA OSCURA

Hará poco más de un año. Estrenaba zapatos para acudir a la firma del contrato de mi primer libro. Las botitas me apretaban, no podía dar un paso, y como suele suceder siempre que uno tiene prisa y le duelen los pies, empezó a llover. Al llegar a Seix Barral con una hora de retraso me dijeron que el despacho de don Carlos se hallaba en el primer piso, en el primer piso me dijeron que en el segundo, en el segundo que en el tercero, en el tercero encontré una puerta que no se abría, llegué resoplando al cuarto con intención de que abrieran la puerta del tercero, y me anunciaron que don Carlos hacía una hora que me esperaba en el cuarto. Caía la tarde y la lluvia tras los cristales y el despacho estaba sumido en la penumbra. Detrás de la mesa, recostada en un sillón, una figura vestida de negro, envuelta en sombras, dejó oír una voz grave y espesa. «Ah, la joven escritora». En la oscuridad, intentaba averiguar dónde terminaban las barbas de don Carlos y empezaba el jersey negro, y si me hablaba de frente o vuelto de espaldas porque no se le veía el rostro. «Bueno, bueno...», dijo la voz grave y espesa, y luego se cortó. Sonó el teléfono. Una conversación corta y misteriosa. «Sí, sí, ya ha llegado, aquí está, que no moleste nadie, será corto, pronto terminaré con ella, je, je». La voz grave y espesa se hizo más grave y más espesa. Pronto iban a terminar conmigo. Pensé que me había equivocado y en lugar de meterme en el despacho de un editor, me había *introducido en la guarida de un sádico, o del jefe de una banda de trata de blancas. Me acordé de que al edificio Seix Barral lo llamaban «La Casa Oscura». No cabía duda de qué encerraba la puerta del tercero que no pude abrir: ca*dáveres, chicas envenenadas, o preparadas para la exportación. *Una chica entró y preguntó:* «¿Qué van a tomar, don Carlos?». «Yo, un café, y la joven autora lo que quiera». *La chica me miró de reojo. Sonreía torciendo la boca, pero me trajo una limonada que, cuando ya había consumido por la mitad, caí en la cuenta de que debía de estar envenenada. La enorme figura vestida de negro se levantó. Estaba claro que debía tratarse de un doble de Carlos Barral y por eso recibía envuelto en la oscuridad. Cogió un manuscrito de encima de la mesa: mi manuscrito, y empezó a hablar. Supuse que para disimular y pasar el rato mientras el veneno de la limonada surtía efecto. Y entonces la figura negra se despistó y al pasar frente a la ventana enseñó el rostro: era Carlos Barral, de verdad y en persona. Lo había visto antes, un día por la calle, mientras Barral paseaba a un enorme perrazo, y otra vez en una fotografía publicada en una revista extranjera, en donde Barral aparecía en una embarcación, en alta mar, el torso desnudo y las barbas al viento. La voz gruesa y espesa se dejó oír de nuevo y me fijé en los dientes: una buena dentadura blanca, y sin colmillos de vampiro. Me quedé más tranquila.*

REY DEPUESTO PIERDE PUESTO
Y A OTRO PUERTO

Poco después, los problemas internos de la editorial Seix Barral fueron noticia, y durante bastante tiempo. Cosa extraña, pues la idea que suele tenerse de un editor, en general, es la de un señor que gana dinero comerciando con libros del mismo modo que otro pueda hacerlo comerciando con embutidos. Y tan ignorado resulta el nombre de un buen editor como el del cerebro de los chorizos Revilla. Sin embargo, hará justo un año, un editor fue noticia. Un director literario iba a ser depuesto de su cargo. Que se va, que no se va, que se queda, que no quiere quedarse, que sí, pero que lo echan. En el pequeñajo y reducido mundo intelectual se siguió el affaire *y en el no muy extendido y con pulgas medido mundo del avispado lector también, porque se trataba de Carlos Barral, poeta además de editor, barbudo y altanero, no alto y rubio como la cerveza, pero sí guapo y a mechas, creador de la colección Biblioteca Breve —edición y creación rimaron en este país donde el ripio suena a tomadura de pelo— y del premio que lleva el mismo nombre. Con un equipo osado, honrado, y digamos lo que se diga, digno de ser respetado, impuso modas, o las introdujo o se hizo eco: desde el realismo crítico, al objetivismo francés, hasta el* boom *sudamericano. Era «el clan Barral». Y a principios de los años cincuenta, Carlos Barral, el de la capa española, el de las barbas coloreadas por el marítimo sol de Calafell, hizo suya una divisa: «A lo dicho hecho y a lo introducido pecho». Y la mantuvo hasta hace un año cuando,*

53

destituido de su cargo, casi se hicieron apuestas: ¿quién se hundiría antes, Seix sin Carlos Barral, o Carlos Barral fuera de Seix?

EDITOR DE DÍA, POETA DE NOCHE

Carlos Barral llega hacia las once y media a Barral Editores, su nueva editorial. «No madrugo demasiado. Por las noches escribo. No, no trabajo en ningún libro de poemas. Se trata de un libro sobre los años de posguerra, desde la posguerra hasta ahora. No, no es una novela, hablo de aquellos años, de Barcelona, la gente que conocí, es una especie de crónica, pero en la que no aparezco como protagonista, no es una autobiografía». *Pósteres de dos nuevos premios convocados por Carlos Barral: Premio Maldoror de poesía, y Premio Barral Editores de Novela. Por encima de la mesa libros de las nuevas colecciones: Biblioteca Breve de Respuesta, Narrativa Nova, Libros de Enlace. Títulos muy interesantes que hacen suponer que el hombre que creó Biblioteca Breve continúa su labor con el mismo ímpetu con que empezara hace quince años, y lo único que ha hecho es cambiar la etiqueta de sus productos.* Un mundo para Julius, *de Bryce Echenique, sudamericano: nuevo autor con sello Carlos Barral, responsable (para bien, según unos; para mal, según otros), del* boom *latinoamericano.* Vargas Llosa, premio Biblioteca Breve... «Lo que ha ocurrido es que el *boom* se ha producido en un momento en que la novela latinoamericana jugaba con ventaja. Aparte del valor intrínseco de determinados autores, ha llegado en un momento en que la novela europea está en crisis, y los países sudamericanos atraviesan una época política y social muy atractiva». *Y la narrativa española estaba bastante...* «Como siempre, ni más ni menos, se habla mucho de la crisis de la narrativa española. Pero ¿desde cuándo no ha estado en crisis? Desde siempre, históricamente desde siempre. Hay una buena tradición poética, pero la novela siempre ha estado en crisis. Los grandes novelistas se han dado como casos aislados. Cervantes, Clarín, Galdós». *¿Y los novelistas de los años cincuenta?* «Bueno, por una parte, fue una literatura de urgencia, el momento lo necesitaba, eso no suele ser bueno a la larga; por otra parte, pasó lo de siempre, de cada generación sobreviven un par de escritores que, naturalmente, suelen ser los buenos, los demás desaparecen. Y en la actualidad creo que el panorama no está peor que hace unos años. Por una parte, hay los novelistas que sobreviven a la novelística de los cincuenta, y por otra, autores jóvenes que se enfrentan con un experimentalismo balbuciente, pero muy respetable, como Guelbenzu o Molina Foix, entre otros». *Dejo que despache asuntos editoriales y que coma luego con su familia: su esposa, cinco hijos y un hermoso perro de melenas cobrizas.*

FRÍVOLO Y KANTIANO

Por la tarde, mientras sigue despachando asuntos editoriales, espero hojeando un librito en donde se cuenta que Barral fue expulsado de los jesuitas a los quince años. «Sí, fue en sexto curso. Era un alumno brillante, siempre aparecía en el cuadro de honor, pero me expulsaron por considerarme adicto a la

55

filosofía kantiana y por frívolo, porque salía con chicas». *¿Fue destituido de Seix Barral por kantiano y por salir con chicas?* «No, la expulsión de Seix es una medida de coacción en un regateo en el que no entro. La expulsión de los jesuitas ocasionó un grave disgusto familiar. Quizá salí ganando porque, aunque los seis años con los jesuitas me dieron cierta disciplina intelectual, aquello era una prisión. Después, fui a un instituto de enseñanza media y me liberé de la disciplina familiar. Eran los años de posguerra y yo un adolescente. Era la época de las crisis religiosas, cierto misticismo, después el fin de la adolescencia. Había tenido una infancia feliz y me encontré con un ambiente destrozado e hipócrita. Y después, pues como todos, la universidad, el vagar, las discusiones típicas del joven intelectual. Escribía poemas. Hasta que ya me dediqué al trabajo editorial, eran los tiempos de las pasiones literarias, hacia el cincuenta: Svevo, Robbe-Grillet...».

MARINERO EN TIERRA

Porque conocía el nombre de los peces, / aún de los más raros, / y el de los caladeros, y las señas / de las rocas submarinas... / Porque entendía de nudos y de velas y del modo de armar los aparejos... Metropolitano, Diecinueve figuras de mi historia civil, Usuras, *en casi todos sus libros de poemas, el mar. No encuentro ahora a Barral en alta mar, sino en un bar cercano a su casa.* «Cada noche saco a mi perro a pasear, y después, ya ves, tomo algo en este bar donde nos encontramos varias personas que han salido a lo mismo: a pasear al perro». *Efectivamente, cinco perros dormitan, después del paseo, a los pies de sus amos.* «Adoro los perros, y los caballos. Son los animales más bellos. Desprecio todo cuanto carezca de estética. Sí, me gusta el mar, sobre todo fuera de la temporada veraniega. En cuanto puedo me escapo a Calafell. Tengo una pequeña embarcación. Me paso horas en el mar, aunque sea paseando niños. Odio los deportes competitivos. Lo que me gusta es el mar, trastear con los aparejos, participar del lenguaje del mar, del lenguaje de los instrumentos marítimos...». *No hace mucho, en editorial Lumen, con fotos de César Malet, ha salido su último libro de poemas:* Informe personal sobre el alba. *La poesía de Barral ha sido incluida dentro de lo que se llamó «poesía social» pero, junto con Jaime Gil de Biedma, se diferenciaba claramente del resto.* «Creo que sí. Metropolitano fue mi primer libro, salió en el 57. Así como Jaime Gil tenía influencia de la generación del 27 y del siglo XIX español, en mí pesaban Mallarmé y el XIX francés. Ambos teníamos en común la pasión por Rilke y Baudelaire, a quienes traduje. Mi segundo libro, *Diecinueve figuras de mi historia civil*, era una poesía analítica, hecha a base de imágenes, en la que se describían cosas diminutas, texturas mínimas. Y era susceptible de dos lecturas: una lectura lógica que venía dada por una correlación emotiva, y una ilógica, sensual, determinada por la identidad de las imágenes de un micromundo. Quería escribir un libro de horas, es decir, un libro sobre las horas que uno emplea en sí mismo, mis libros anteriores versan sobre el tiempo que uno emplea en sí mismo. Ahora mis poemas no son sobre el tiempo, o en todo caso, no sobre el tiempo como añoranza, sino como espacio, un espacio más. Mis poemas versan ahora sobre el espacio, el lugar en el momento en que uno lo abandona, la angustia o el hambre de lugar que sentimos cuando lo abandonamos: es el deterioro, la muerte de lo vivido».

El perro de Barral protesta, tiene ganas de pillar su cama. Pronto amanecerá. Y será esta hora que Carlos Barral, en su último libro, describe así:

A la espalda del alba
retumba el trueno de la tormenta imaginaria.
A su espalda resuenan largo tiempo
los cóncavos bostezos halitosos
y silban las serpientes
nasales de las monjas desveladas.
El alba suena insana.

30 de enero de 1971

5

ANA MARÍA MATUTE

una vida de cuento

ALGUNOS RECUERDOS

Mientras los mayores duermen la siesta, tres niños hacen sus deberes veraniegos bajo la higuera de un jardín: mis dos hermanos y yo. A las tres de la tarde, el sol caía de plano y al dar contra las piedras y paredes encaladas de blanco, un vivo resplandor me cegaba. Terenci (entonces se llamaba Gus, como el ratón regordete de Cenicienta) me explicaba: «Por eso Sitges se llama la Blanca Subur, tonta». Gus y Miguel (mi otro hermano que entonces se llamaba Jack, como el ratón canijo de Cenicienta) hacían sus problemas de matemáticas y yo le daba al latín. Pero en lugar de traducir al castellano los alambicados períodos ciceronianos, traducía al latín textos españoles que me gustaran. Aquel verano robé a Gus dos libros: las Rimas *de Bécquer y* Los cuentos vagabundos, *de Ana María Matute. Y muy aplicada, muy digna, con trenzas, la cara llena de pecas y de granos, empecé a traducirlos. Iba bastante adelantada, cuando una tarde un vecino de trece años saltó por la tapia del jardín y nos enseñó dos cosas importantes: que si te escapas de casa sin hacer ruido mientras los mayores duermen, no se enteran; y que el líquido rojizo que los mayores dejan en sus vasos después de comer, del que no te dan y al cual llaman vino, sienta muy bien. Gus, Jack y yo nos quejábamos de que el líquido rojo nos hacía sudar bajo el sol. «Mejor, sudando salen del cuerpo los malos espíritus». Nos convenció, y así empecé a darle a los líquidos rojos, por causas puramente* religiosas. Con todo esto, la traducción de Bécquer y Ana María Matute avanzaba muy despacio, y sumida en la modorra consulté a Gus, en voz baja, sobre la posibilidad de enseñar mi traducción latina al señor Bécquer y a la señora Matute. Gus me explicaba que al señor Bécquer no sería posible porque estaba muerto, pero yo no creía que eso fuera un obstáculo. Y en cuanto a la señora Matute, decía Gus que, si me aplicaba y de mayor llegaba a ser escritora, a lo mejor la conocía y podía enseñársela. Entonces, eso de mayor quedaba muy lejos, y yo no quería ser escritora, sino trapecista. Aquel verano, entre el vecino y el vinillo, Gus y Jack suspendieron de nuevo matemáticas y yo no terminé mis traducciones latinas. Pero en otoño, y ya en Barcelona, continué trabajando en ellas, porque Gus y Jack prometieron llevarme a ver a la señora Matute cuando tuviera la traducción, y en cuanto a las Rimas, las dejaríamos sobre la tumba del señor Bécquer.

OTROS RECUERDOS

Al cabo de siete años, no había terminado con la traducción, pero conocí a Ana María Matute. Por teléfono me dijo: «Iré con un niño y llevaré un abrigo de gato viudo». Me quedé muy intrigada, y luego, al verla, entendí que se refería a un abrigo de pieles color tigrado. Regresaba de Estados Unidos y al cabo de poco tiempo volvería a irse. Su hijo, primero, me aterrorizó contándome historias de vampiros, y luego me dejó admirada contándome unas excavaciones que estaban haciendo en México: «Voy a ser arqueólogo». Otro día los *encontré en el cine viendo* Cleopatra. *Liz Taylor se bañaba en una piscina y, mientras, jugaba con unos barquitos.* «Me encantaría tener un barquito así». *¿Para qué?* «¡Para jugar!». *Naturalmente. Después de más de un año volví a ver a Ana María Matute, había regresado de Estados Unidos y se iba a Londres para ver la estatua de Peter Pan. Y me habló del niño que no quiso crecer. Mucho más tarde llegué, universitaria y pedante, para hablar de la problemática de la novela. Encontré a Ana María Matute con un extraño llavero en la mano:* «Es una llavecita inglesa. La llevo siempre encima, por si se me rompe un tacón en medio de la calle, así me lo arreglo yo misma, tengo mucha mano para estas cosas, arreglo armarios, hago puertas, enmarco...». *Y me contó que había estado en Copenhague y que vio a la Sirenita, y habló de Andersen, y contó algunos cuentos que yo no había leído, y no se habló de la problemática de la novela, ni falta que hacía.*

COMO UNAMUNO

Ana María Matute vive ahora en Sitges, no muy lejos de donde yo traducía Los cuentos vagabundos *al latín. Ya por teléfono me ha pedido que llegue después de la una del mediodía.* «Me levanto tarde, sí, y digo lo mismo que Unamuno cuando alguien se lo reprochaba: duermo mucho y me despierto tarde, pero cuando estoy despierto estoy más despierto que muchos». *Sin embargo, al llegar, está ya trabajando en su taller de carpintería. Sí, una habitación llena de serruchos y utensilios semejantes que da terror solo verlos. Ha colocado ella misma puertas en los armarios de la casa y los ha decorado. Veo misteriosas casitas en construcción, que solo al final de la jornada sé quién habitará en ellas. Antes de comer, me entero de un secreto, un plan que Ana María Matute y Colita llevan entre manos. ¿Quizá una película? Se muestran misteriosas al respecto. Oigo un título:* Los idiotas. «Hay gente que hace cosas que están muy bien, y otros que dicen que están muy mal. Salen señores y señoras que tienen una idea hecha del mundo, están muertos. Llega una estufa, un perro, un niño..., y esto les da a entender que el mundo es otra cosa». *Alargo las orejas: silencio.*

OLVIDADO REY GUDÚ

Es el próximo libro de Ana María Matute. El cuarto de trabajo está inundado por una luz verde. Encima de la mesa, un tablero de dibujo. Un estante lleno de muñecas, lápices de colores, pinceles, pinturas, potecitos llenos de polvillo de oro, polvo de plata, estrellas diminutas. «Este libro me lo ilustro yo». *Me enseña algunas ilustraciones: un rey con cara de malo.* «Es Gudú». *Un príncipe de rostro desdichado.* «Es el Príncipe Predilecto». *Una princesa de ojos tristes.* «Es la Princesa Tontina. *Gudú*, para mí, es el libro más hermoso que existe y que existirá. Es el libro que siempre quise escribir y que no escribí porque me hablaron de disciplina. Pero ahora he aprendido que uno debe hacer lo que le da la gana. El que hace esto puede ser bueno o malo, pero el que no lo hace seguro que es malo. *Gudú* es la humanidad, es el mundo, es la vida, es Europa. Es todo cuanto sé, conozco, he vivido, he leído, amado en cuarenta y cinco años. Escribir *Gudú* no es escribir un libro, es tomar posesión de una herencia. Está bien tener fantasía y a través de las propias obsesiones dar a conocer a la gente una realidad a la que no tiene acceso. Pasa en el siglo X, pero es vigente. Tiene el rigor de la historia, pero la fantasía y la libertad de la leyenda. Todos los personajes existen o podrían existir, y todo lo que ocurre, ocurre o podría ocurrir. La historia de *Gudú* se desarrolla en un país imaginario de origen germánico. Los vikingos son el pueblo más desgraciado de la historia, inventaron la novela, las sagas, la novela al estilo de Baroja: su paraíso consistía en que después de la muerte se reunían en una pradera, organizaban un banquete, el dios Odín hacía que se mataran todos unos a otros, y al amanecer los resucitaba para que volvieran a matarse. Hay dieciocho excavaciones; escribir esta novela es como realizar un trabajo arqueológico. Ahora, los libros de arqueología, para mí, son las novelas más interesantes, las que más me gustan». *Ana María Matute me señala unos límites de Europa que no salen en ningún libro de geografía.* «El norte es el misterio, lo extraño; el este es la violencia; el sur, la civilización, lo caduco, es el prestigio y la decadencia; Occidente es el olvido». *Sigue con* Olvidado Rey Gudú *y* La torre vigía *(libros ya casi terminados que pronto publicará Editorial Lumen) y pasa a hablar de un próximo libro:* Paraíso inhabitado. «Es la historia de Piotr, Pedro III de Rusia». *Período de intensa creatividad el que atraviesa Ana María Matute en su retiro de Sitges.* «Aquí vivo muy bien, hago lo que quiero, a veces me pongo a trabajar y me olvido incluso de comer; otros días, dibujo a mis personajes, en fin, hago lo que me apetece. Solo se puede trabajar bien si se trabaja a gusto».

VISITAS INESPERADAS

Inesperadas, sí, al menos para mí. Supongo que no para Ana María Matute. Ahora, ya de tarde, seguramente es su hora de trabajo, y mientras hablábamos no he prestado atención a un murmullo de voces que va creciendo y que no sorprende a Ana María Matute. Sí a mí, sobre todo al descubrir que provienen del living. *Y allí está, sentado en un puf, un hombrecillo más bien triste y con expresión inocente.* «Es Kalmuko. Un amigo que le dieron a Piotrv de pequeño, para que jugara con él. Lo acompañó siempre, hasta que Piotrv murió. Viene de vez en cuando para contarme la verdadera historia de Piotrv, para que yo la escriba». *En un rincón una muchacha rubia susurra algo por lo bajo.* «Es la Ondina, nieta de la Gran Dama del Lago que maneja las raíces del agua, es la dueña de todo y odia al Trasgo. Ondina se enamoró del Príncipe Predilecto y la Gran Dama del Lago le arrancó la memoria para que lo olvidara. Desde entonces vaga siempre por las costas: es la tristeza que vaga por las playas, como una epidemia». *¿Quién es el Trasgo?* «Es un duende; hay varias clases de duendes, los trasgos son algo alocados y se contaminan de los humanos, resulta fatal para ellos. Los gnomos son buenos, pero más severos, arrastran los cadáveres de los humanos después de las batallas. Los silfos andan por el viento: son locos, necios y obedientes. Los hechiceros son hombres contaminados de criatura no humana, y los brujos al revés. Luego están los submarinos, los lacustres, marítimos y fluviales: son los que lo dominan todo». *Y cómo* *no, el Trasgo hace su aparición surgiendo del interior de un vaso de vino. Arrastra a un niño de la mano, un niño de unos diez años, magullado y lleno de moretones.* «Es Gudulín, Príncipe de la Oscuridad e hijo de Gudú. Tiene una muerte muy triste. Nadie lo quiere, excepto el Trasgo, que le da de beber. Es un niño borracho». *La habitación se va llenando de presencias familiares para Ana María Matute: la Princesa Tontina, el Príncipe Predilecto, la Reina Ardid, Piotrv... Cada uno con su historia, con sus sueños. De pronto sopla un viento helado. Ha llegado Gudú, un rey de rostro impenetrable, de ojos azules pero duros.* «Gudú no puede llorar. Su madre, la Reina Ardid, hace de él el rey más fuerte de la tierra, pero para ello es necesario que no llore jamás, ni que jamás ame a nadie, de lo contrario él, su reino y cuantos lo habitaron desaparecerían del universo y de la historia». *Me gustaría pedirle al Trasgo, o a Gudulín, un poco del vino que beben, pero no me ven, ni me oyen. Y dejo a Ana María Matute en compañía de sus personajes: tienen mucho de qué hablar. Salgo, sin hacer ruido. Fuera es de noche, un gran silencio se pasea por la calle oscura y solitaria. Hace frío y noto algo extraño. Recuerdo un fragmento de* Los cuentos vagabundos, *la historia que nunca terminé de traducir.* «Los cuentos son viajeros impenitentes. Llegan por la noche, suavemente, y en invierno. Son como el viento que se filtra, gimiendo, por las rendijas de las puertas. Desde hace miles de años llegan a través de la montaña, y duermen en las casas, en los rincones del granero, junto al fuego. Llegan y se marchan por la noche, llevándose debajo de las alas la rara zozobra de los niños. A escondidas, pegándose al frío y a las cunetas, va huyendo. A veces pícaro, o inocente, o cruel. O alegre o triste. Siempre robando una nostalgia, con su viejo corazón de vagabundo». *Y pienso que ahora, de noche, por esa calle fría y solitaria de Sitges, acaba de pasar un cuento.*

14 de febrero de 1971

6

EUGENIO TRÍAS
en busca de la soledad

¿CAMBIO DE MÁSCARA?

Desde 1969, Eugenio Trías ha publicado tres libros (La filosofía y su sombra, Filosofía y carnaval, Teoría de las ideologías), motivo de críticas —rabiosamente en contra unas, elegíacamente en pro, otras— y polémicas que han estallado no solo en el terreno especializado en filosofía, sino también (y sobre todo) en el ámbito literario, ideológico e incluso folclórico. En la Gaya Ciencia, nueva colección presentada por Edhasa, acaba de aparecer el último libro de Trías: Metodología del pensamiento mágico, *y ya anuncia la publicación de una nueva obra,* La dispersión. *Exteórico de la coqueluche, exfilósofo de la Gauche Divine, Trías ha pasado, de hombre público y polemista, a convertirse en un ser retirado y solitario. Diríase que Trías, utilizando su terminología carnavalesca, ha cambiado de «máscara», o ¿se la ha quitado? Hace un año, los lugares apropiados para acompañar las veinticuatro horas de Trías podían ser varios, todos excepto uno: su propia casa. En cambio, ahora, por teléfono, me dice:* «Mejor en casa, cuando quieras, no tengo que salir en todo el día». *Le pregunto por su horario.* «Me levanto hacia las once, ven cuando quieras. Tengo un horario de músicas y esto me ordena el día. Por la mañana, Beethoven, Haydn o Mozart. Por la tarde, Wagner, Ricardo Strauss, o Mahler. A las ocho y media Satie con una copa de *whisky.* Y después de cenar, Chopin o Schumann. Elige». *El horario de Trías me llama la atención y decido no perderme ninguna de sus partes.*

MOLTO VIVACE

Hacia las once, Trías está ya desayunando, con sus espe-
sos bigotes nietzscheanos y un aire tristón y somnoliento, la
sonrisa tímida que duda entre extinguirse o convertirse en
risa. Parece uno de esos «niños perdidos» a quienes Peter
Pan desterrara de Nunca Jamás. Desayuna café con leche y
huevos. «Es el momento de mayor felicidad del día, lo descubrí este verano. Tengo un despertar lentísimo, y me baño
cada día. A veces me afeito, pero otras no, según el humor
del momento». *En el tocadiscos, el* Septimino *de Beethoven.*
«Lo escucho cada día, por la mañana. Me da ganas de vivir.
Parece muy frívolo y no lo es nada. Es un Beethoven joven,
recuerda mucho a Haydn o a Mozart, pero es un Beethoven
plenamente, y está lleno de vida, por eso le he dedicado *La*
dispersión. Es la exaltación biológica, el despertar, el enfren-
tamiento con la realidad. Es muy adecuado para esta hora
del día en que tengo la misma sensación que Rimbaud describe en las *Iluminaciones.* Estreno el mundo, tengo la vida
por delante. Veo por primera vez las cosas y me siento como
después del diluvio, en un mundo en que está todo por nom-
brar. Si esta sensación dura mucho puedo estar horas y horas
oyendo música sin hacer otra cosa». *Enciende un cigarrillo y*
se queda absorto frente a un ventanal que da a la Diagonal.
Me apresuro a decir algo, presiento que Trías puede pasarse
así las veinticuatro horas. «No, por desgracia no puedo. Por
la mañana, una vez por semana, doy un seminario sobre
Nietzsche en la Autónoma. Otros días traduzco o hago trabajos editoriales: informes que debo ir a entregar de vez en

cuando. Hoy me toca, y…, me da una pereza tener que salir de casa… Es terrible. Cada día tengo menos ganas de salir a la calle». *Aguardo a que Trías se prepare para la tremenda aventura del desplazamiento. Tarda un buen rato en encontrar los informes. Cuando asegura haberlos encontrado, se da cuenta de que no son los que buscaba. Cuando por fin los tiene en la mano y comprueba que son los que necesitaba, los deja sobre un sofá para guardar el disco de Beethoven en su funda. Cuando termina con el disco, se dirige hacia su cuarto de trabajo en busca de los informes. ¿Dónde los habré metido? Me apiado y le señalo el sofá. En el ascensor se da cuenta de que ha olvidado la cartera. Ya en la calle subo al coche que conduce Trías, no sin cierto temor.* «No me gusta nada salir. Desde que escribí *La dispersión* veo a poca gente y deseo aún un mayor retiro. Preferiría vivir fuera de la ciudad. Cada vez envidio más la vida contemplativa y la vida monástica, ¡pasear por los jardines de los claustros en lugar de pasear por esas calles! Se vive más intensamente en una cierta soledad y retiro, en un ambiente que, por otra parte, solo sería posible compartir con cinco o seis personas a las que quiero y que, en el fondo, son también hombres solitarios. Me imagino lo que debió de ser el encuentro entre san Antonio Abad y san Pablo Ermitaño. Cada vez me interesa más el misticismo. Mi mayor acusación contra el mundo actual es que ha perdido el sentido de lo sagrado y que hace imposible, sistemáticamente, la soledad y, asimismo, la posibilidad del misticismo». *Trías ha equivocado el camino por dos veces.* «Hoy es casi imposible tener revelaciones como Hölderlin o Rimbaud. Cada vez se nos hace más imposible el recuerdo activo (es como un tabú) y los momentos en que vuelves a vivir un instante de tu vida pasada. Todas las instituciones ideológicas son un complot para impedirlo. En este sentido, lo que quiero hacer, a la vez que una afirmación, es una acusación a los valores en curso que impiden estas experiencias. Y esta acusación es una acusación global que incide en todas direcciones». *Llegamos a la editorial. Trías entra en un despacho de donde sale al cabo de pocos minutos, más bien nervioso e intimidado.* «Me he equivocado, los informes eran para otra editorial». *Camino de la otra editorial, Trías se equivoca nuevamente de calle, mientras le sale el lado pesimista, aunque digno, del destino de su obra actual.* «Estoy convencido de que tanto *La dispersión* como lo que escriba en el futuro, cada vez será, creo, menos asimilado. Creo que este tipo de obra o bien producirá más irritación que la anterior o bien será silenciada, cosa que sería más inteligente por parte de quienes hasta ahora se han irritado. Por mi parte, me considero cada vez menos actual, menos «moderno», y esto se refleja en mis lecturas. Apenas leo ya publicaciones recientes. Leo a Platón, obras clásicas, la *Divina comedia*...».

ADAGIO

Llega tarde a comer. Al salir de la segunda editorial, alguien lo ha parado por la calle. Un señor que parecía conocerle mucho. Pero Trías, con sus monosilábicas frases y ruborizado hasta los bigotes que gotean sudor, demuestra no recordar de quién se trata. Aguanta un rollo de media hora y, a pesar de la sonrisa tímida que quiere ser amable, se le nota que no le interesa nada. «Sí, sí. Ah, claro. Ya, ya...».

Sin embargo, no se atreve a desembarazarse del desconocido. *Más tarde, comiendo, se lleva las manos a la cabeza.* «¡Era un catedrático de la facultad!». *Por lo visto, los espaguetis le gustan y repite. También repite el segundo plato, y come varias clases de quesos. Es un tragón y come con expresión huraña, muy entregado a la operación. Se lo digo, se pone colorado y sonríe como disculpándose. Se pasa la comida refunfuñando por haber tenido que salir a la calle. Su mujer, joven profesora, le toma el pelo delicadamente, con alegría. Ante la vitalidad que despliega ella, Trías parece un niño viejo. Me apunto a la tomadura de pelo. Trías no se enfada, por el contrario, sonríe, no por timidez, sino, esta vez, de satisfacción. Llega la hora de Wagner y Ricardo Strauss.* «Es la meditación sobre la eterna y cotidiana crisis. La disciplina interior. La vida del héroe. La autodisciplina provocada por la crisis. Lo identifico con Nietzsche». *Por la tarde trabaja, sobre todo lee. El cuarto de trabajo de Trías es una larga habitación que da a la Diagonal. Muchos libros, y descubro aficiones comunes: bolígrafos, rotuladores y lápices por estrenar encima de la mesa; libretas con tapas esmaltadas, una de cada color. Me cuenta que necesita instalarse cómodamente y que esto le lleva tiempo. Necesita tener a su alcance las cosas que, según el día, necesita tener a su alcance. También una copa al lado:* whisky o *coñac. Otra manía: las puertas cerradas. Libros a la vista: la* Lógica, *de Hegel, Schopenhauer, Proust, Platón, Nietzsche, Avicena, la* Ética, *de Spinoza, Duns Scoto, Hölderlin, Rilke, Maestro Eckhart, Pseudo Dionisio, Suetonio, la* Biblia, *Lautréamont, una historia de la música, la biografía de Stalin y la de Hitler, Escoto Eriúgena... Hojeo los libros: subrayados, sucios, llenos de interrogaciones, exclamaciones, insultos. Ningún estructuralista a la vista.*

75

«El estructuralismo me fue muy bien en el transcurso de mis primeras obras, porque eran obras metodológicas, pero a nivel de *La dispersión* queda rebasado». *¿Qué será eso de «La dispersión»?* «En realidad, mis anteriores libros forman una trilogía que no es sino una propedéutica para *La dispersión*. Era una obra metodológica que planteaba problemas de método: qué es la metafísica, en qué se diferencian ciencias y filosofía... *La dispersión* no es una ruptura, sino una liberación. El problema, en filosofía, no es el contenido ni el objeto, sino los medios de expresión. El lenguaje debe ser lo más distinto posible al discurso científico y lo más cercano al discurso literario o poético. Es un ejercicio parecido al del poeta, pero así como este toma la palabra en su totalidad, yo la tomo en su concepto: su contenido. El terreno que se abre es un terreno de creación como puede ser el aforismo o el poema. Se trata de una renovación en la forma de expresión, en la línea de Parménides o Platón. Yo soy platónico y para llegar allí donde no alcanza el discurso científico, hay que recurrir al mito».

SCHERZO

Es la hora de Satie con whisky: *las ocho. Trías, a esa hora, suele dar un paseo, solo y por calles estrechas y oscuras.* «Es mi momento de inspiración, acumulo impresiones que luego escribo. Escribir es como una especie de ataque. Escribo poco. De pronto veo una idea clara que vengo rondando, cojo un hilo conductor y no soy responsable de lo que ocurra, estoy como poseído». *Hoy Trías no da su paseo y sigue hablando nervioso y preocupado. Pasa de los temas filosóficos a la poesía, o quizá no exista tal paso porque, para él, son ya una misma cosa. Surge Rimbaud, el inevitable Rimbaud.* «Me obsesiona la idea del pensamiento como un *bateau ivre*[10], el pensamiento como ocurrencia. Tenemos un pensamiento disciplinado, y a ese error contribuyen la ciencia y la filosofía, entendida como «semáforo». Lo más difícil es terminar con esta disciplina (en que el pensamiento es cultura establecida) y lograr que el pensamiento se manifieste a flor de piel, como absoluta materialidad (en el sentido que le da Artaud) y pueda ser una función hormonal, un acto fisiológico como hablar o escribir. Así lo intenté con el libro de los aforismos, escribir sin ningún tipo de tabú, sin disciplina, y tuve que luchar con dos cosas: una, romper el discurso establecido, introduciendo espacios en blanco, porque el pensamiento está plagado de espacios en blanco, de cortaduras, hiatos. La otra dificultad se basaba en la naturaleza misma de la ocurrencia. Yo no creo nada de lo que digo y por eso lo digo, porque lo he pensado. Ante una ocurrencia hay cuatro peldaños ante tres de los cuales sucumbe casi todo el mundo. En el primero, la idea irrita. En el segundo, se solapa la irritación diciendo que es una idiotez. En el tercero, los espíritus más refinados dirán que es divertida, una *boutade*. En el cuarto, se toma en serio, y a partir de ahí quizá se abra toda una línea de interpretación de la historia de la filosofía».

---

10. *Le bateau ivre*: poema escrito por Rimbaud a los diecisiete años en el que ya el poeta vaticina, a través de la imagen de un barco que navega «ebrio», el naufragio final de su propia vida.

ALLEGRO MA NON TROPPO

Después de cenar, es la hora de Chopin. Trías dice que es el resumen de la jornada: la crisis, la tragedia, la superación de esta por el humor, la broma. Y Trías sigue hablando de poesía. «La obra de arte es tanto más bella cuanto más capacidad tiene de ser superficial. Por eso la mala obra de arte requiere un análisis de "contenidos", de "significación", la buena obra es la que excita la piel como una tragedia griega. El artista tiene que estar comprometido, es decir, comprometido con la verdadera realidad: con su piel, con sus hígados, que es lo más esencial. En este sentido soy realista y abogo por el realismo que refleja la verdadera realidad: los nervios. El arte, para mí, es un reflejo nervioso». *Llega la hora de Schumann, y me voy. Trías me da una llave para que abra el portal. Una vez abajo, la llave no abre. Vuelvo a subir, se ha equivocado y me ha dado la del piso. Esta vez baja conmigo para asegurarse. Le pregunto dónde es más fácil encontrar un taxi. Por Calvo Sotelo. Y me señala Pedralbes. Añade:* «Pero hoy, domingo, será difícil». *Le hago saber que es jueves, y le recuerdo que vive en el tercero.*

20 de febrero de 1971

78

7

ORIOL REGÀS
en busca del sentido de la vida

EL HOMBRE DEL BOMBÍN

Alto, delgado, cabellos castaños, ojos claros, mirada abierta y sonrisa cerrada, vestido con cierta elegancia no exenta de discreción (esta mañana, traje negro y camisa color morado, con una lágrima de plata colgada sobre la corbata negra), diríase que Oriol Regàs parece un gánster, pero no es un gánster de Chicago de ascendencia italiana, sino más bien un gánster inglés, inglés y sentimental. Seguro que no tortura a las girls *de sus locales nocturnos, ni se desembaraza, disparando a quemarropa, de los «muchachos» que, descuidadamente, vierten gotas de licor al servir una copa al cliente. Seguro que paga los impuestos al Estado. Bajo el bombín con el que se cubre* («Tengo cinco —me dice—, cada uno de distinto color, para entonar con el vestuario; y uno de paja italiana para verano»), *el cerebro que rige Bocaccio, Via Veneto, el Pub Tuset, Maddox, Revolution, Arboleda, Marinada, Mónica (estos dos últimos en Palamós), B.R.M... A las diez de la mañana, Oriol Regàs ya está sentado detrás de la mesa de su despacho en la calle Tuset. Cortinas marrones, moqueta marrón, una larga mesa de tres metros cubierta por un cristal. Encima de la mesa, un encendedor, un cenicero alargado, de Muntanyola, con la firma de don Oriol, un aparatito cilíndrico lleno de lápices y bolígrafos. Detrás de don Oriol, un mueble con un tocadiscos, un magnetofón, cuatro teléfonos y un dictáfono. Un mueble archivo ocupa la pared, un mueble con un cuerpo destinado al*

81

paperamen correspondiente a cada local. En ellos, carpetas de distintos colores, y encima de la mesa varios papeles (en orden, todo en el despacho del Hombre del Bombín está en perfecto orden) también de distinto color. «Sí, para evitar confusiones, todos los papeles y documentos pertenecientes a un mismo local son de un mismo color. El azul corresponde a Via Veneto, el verde a Bocaccio, el marrón a Maddox, el amarillo al Pub, el rosa a Marinada, el lila a la Arboleda, el rojo a Revolution». *Desde detrás de esta mesa rige la organización de todos sus locales.* «Sí, yo a los locales voy poco. Me levanto relativamente temprano (casi nunca me acuesto después de las dos de la madrugada). Me levanto hacia las nueve o nueve y media. Si puedo acompaño a mis hijos al colegio (tengo dos, niño y niña, de cuatro y seis años respectivamente), y después ya vengo directamente al despacho. Cada día recibo información de todos los locales de Barcelona, Palamós, Lloret, Playa de Aro…, a través de un sistema continuo de comunicados por los que me entero de qué cosas han funcionado bien o qué cosas han funcionado mal; después paso estos comunicados a los distintos departamentos de secretaría, departamento jurídico, contabilidad…, y algunos días despacho directamente con los encargados de cada local». *Suena el teléfono. Conferencia desde Madrid. Don Oriol cuelga el teléfono. Reenganchamos en la conversación, pero suena de nuevo el teléfono. Conferencia, desde Roma esta vez.*

BOCACCIO RECORD'S Y OTROS PROYECTOS

Bocaccio Record's: nueva empresa recién emprendida por Oriol Regàs, que se ha convertido en editor discográfico. «El proyecto nació de que casi a diario alguien me mandaba a algún cantante para que lo promocionara. Me puse en contacto con Alain Milhaud, que dirigía la Barclay francesa en España, y editaba a Los Bravos, Los Canarios, Mike Kennedy, entre otros. Bocaccio Record's ya está en marcha. De momento, la empresa empieza editando discos de María del Mar Bonet y los Smash, un conjunto formado por chicos andaluces, gitanos, que intentan la unión de elementos del flamenco con elementos de música actual». *Hablando del Papa de Roma por la puerta asoma. Suena el teléfono: uno de los Smash desde Sevilla, planteando problemas económicos. Solucionado. Al cabo de unos minutos, otra vez el teléfono; esta vez, Madrid: alguien propone a Oriol Regàs un local madrileño. Por lo visto, el Hombre del Bombín quiere llevar Bocaccio a Madrid. Tras la conversación telefónica, se explica.* «Sí, a Madrid y, a ser posible, a otros lugares de España. Bocaccio, más que una *boîte*, quisiera que fuera otra cosa: hoteles, discos, revistas, diseño, perfumería, premios literarios, en fin, toda una serie de manifestaciones tanto comerciales como intelectuales y culturales, que giraran en torno a Bocaccio. Es decir, Bocaccio más que una *boîte*, me gustaría que llegara a ser una idea, una imagen de una forma de vivir, me interesa más como una institución que como un negocio. Quisiera que cuando la gente llegue a Barcelona, así como sabe que hay que ir a ver el Barrio Gótico, o Montjuich, sepa que además de todo esto, del Museo Picasso, etc., en Barcelona existe Bocaccio, no solo una *boîte*, sino la *boîte* con una serie de elementos que giren a su alrededor, que configuren una imagen de un modo de vivir, una imagen quizá teñida de un poco de frivolidad, pero se trata de una frivolidad necesaria, a veces. No sé todavía qué imagen intento dar: si creo una imagen de una clase privilegiada, entonces habré fracasado. Quizá sea una contradicción».

CONTRADICCIÓN RIMA CON ILUSIÓN, CON CORAZÓN, Y CON PASION, Y...

Oriol Regàs ha recibido varias visitas. Luego me lo cuenta. «Cada día, o casi, recibo a un mismo tipo de gente. Alguien que tiene un local, una *boîte*, una *boutique*, etc., que le va mal y viene a verme creyendo que yo no tengo nada que hacer o que soy la Virgen de Lourdes, para que le eche una mano y arranque el negocio. Si veo alguna posibilidad de éxito le doy un papel para que vaya a ver al inspector general y que este me haga un informe. En algunos casos, la locura es tal que ya no me meto. Hay otros que tienen un local: una lechería, una mercería..., y quieren convertirlo en *boîte*. Entonces les pido un plano y una memoria explicativa. Esto supone tal trabajo que casi nunca lo hacen. Si lo hacen mando a alguien para que inspeccione, pero casi nunca lo hacen porque todo el mundo va de cara al duro. Yo baso todas mis empresas sobre la calidad. Eso supone tiempo y lanzamiento, lo otro es hacer una fábrica y a mí no me interesa. Es la eterna lucha entre capital y trabajo. Yo no soy un capitalista, yo soy un hombre de ideas. Vienen a buscarme porque creen que soy una especie de Midas; me ofrecen un tanto por ciento sin entender que mi trabajo vale más, para eso mejor que inviertan en telefónicas. Creen que me hacen un favor a mí, cuando es al revés: ellos tienen la fuerza del dinero, pero yo tengo las ideas... Soy una persona muy contradictoria. Me gustan las dificultades (soy Capricornio), pero a veces pienso que me estoy rompiendo la cabeza contra una pared y que lo mejor sería irme a cuidar vacas. Necesito una lucha continua, pero no sé por qué cosa lucho. El dinero no me interesa, el éxito, sí, pero tampoco sé para qué. Pienso de un modo y vivo de otro, fomento cosas e imágenes que quizá no debería fomentar. Me gusta pensar las cosas y pensar detenidamente cuanto hago, pero hago tantas que la acción me sobrepasa y a veces me encuentro actuando sin una profunda y previa meditación. Me gustaría pasar el día tumbado y lo paso trabajando: intento apoyar toda mi vida en la sinceridad y me doy cuenta de que la mentira no está tan mal como dicen y, sobre todo, es muy cómoda. Creo que lo importante es trabajar por vocación y no tengo vocación. A veces creo que pierdo el tiempo y no logro entender por qué lo pierdo. A veces voy a Bocaccio o a otra *boîte*, y veo a la gente que baila y se divierte, encuentro a algún amigo que me da un golpecito en la espalda y me dice: "Tú sí que has triunfado". Y yo me pregunto: ¿triunfado? Quizá sí, pero ¿en qué? ¿En qué he triunfado que me satisfaga intensa, vitalmente? Entiendo al misionero, al tío que hace la guerra y lucha por un palmo de tierra o por una ideología, al artista...».

85

FANS Y VACAS

Entre la correspondencia del día, carta de las fans del Hombre del Bombín. Me muestra algunas que irán a parar al archivo histórico de Bocaccio. La muchachita se expresa así: «¡Hola caballeros!: Desearía a ser posible y si no ser posible, también, podrían enviarme adhesivos y pósteres. Gracias. *(Posdata):* Si no enviarme, yo matarle». *(Esto último subrayado y a continuación el dibujo de una calavera). Otra pide adhesivos e incluye el dibujo de su profesor de inglés (la chica escribe en clase).* «Te mando el dibujo del profesor de inglés de mi colegio que me ha suspendido este mes». *Otra.* «Amigo, Oriol Regàs: Primero que nada, déjeme que le felicite por lo que hace por nosotros los jóvenes, pues yo leo muchos artículos suyos, y los guardo como recuerdo. A mí me interesa mucho todo esto porque soy un amante de la música buena, tal como "progresiva", "underground", etc., y además, la vivo, y siento, y practico, pues soy *disc-jockey* de una discoteca de Tarragona, no crea que les tomo el pelo, pero les pongo esto para que crea en la felicitación». *Otras cartas de jóvenes que no han cumplido los dieciocho años y que piden al Hombre del Bombín un pase para Maddox, o Revolution, o Boccacio.* «Estas cartas se contestan todas. Lo que hacemos, con esos menores de edad, es enterarnos de qué día cumplen los dieciocho años. El día del aniversario les mandamos un pase para dos personas para la *boîte* que les pille más cerca. La mayoría pide pósteres, adhesivos... Por eso hemos creado B.R.M., la *boutique*, en un intento de comercializar marcas, escudos, pósteres de todas las *boîtes*».

Otra visita, ya casi del mediodía: alguien que va a pedir trabajo. «Es la gente que me da más pereza y a la que más escucho. Es muy distinto un tío que quiere ganar dinero a un tío que "necesita" ganar dinero. En este caso, si es un chico joven, a quien puedo enseñar en mi escuela de hostelería, en Bocaccio, me lo quedo. Si se trata de un hombre mayor, y si veo que vale, aunque a mí no me interese lo pongo en contacto con otras personas que pueden ayudarle a encontrar una colocación». *Empieza el fin de semana.* «Generalmente, si puedo como en casa, pero hoy voy a pasar el fin de semana en Calella con mi mujer y mis hijos y comeré por el camino. Debo pasar por Maddox, e ir a ver la casa que me estoy haciendo en Llofriu, si quieres venir con nosotros te presentaré a María Eugenia». *Ja, este Regàs, con sus bombines, su mirada viva, esta sonrisa tímida y coqueta... María Eugenia, ja, alguna cantante que se dispone a lanzar, alguna modelo que dentro de pocos días empezará a pasearse por Bocaccio, alguna...* «¿María Eugenia? No, no, nada de cantante, es la vaca, ¡mi vaca!, acabo de comprarme una vaca, preciosa, una vaca..., una vaca muy vaca...».

EL HOMBRE SIN VOCACIÓN TUVO UNA VOCACIÓN

La casa se construye en Llofriu. El arquitecto es un joven melenudo, inquieto y lo que en catalán se llama «malcarat»: Óscar Tusquets. Cerca de la construcción, los futuros porteros de la casa de Oriol Regàs guardan a María Eugenia, una vaca... muy vaca, como ha dicho el Hombre del Bombín.

«Sí, yo quería ser veterinario. Me gustan los animales. Por eso me he comprado la vaca, y tengo dos perros. Tener una vaca está muy bien, procura dos placeres importantes: uno es la leche, el otro es pasearla. ¡Es un animal tan dócil! Un animal que pesa cinco veces más que tú y te sigue tirando de un cordelito. Recuerdo que, de pequeño, andando por la calle, olía el olor de las vacas y el de la gasolina. En esta nueva casa pienso hacerle un establo en un lugar desde donde se divise un excelente paisaje. Quiero que mi vaca disfrute de la naturaleza y sea una vaca alegre. Soy un veterinario frustrado. Al terminar el bachillerato marché a Francia para estudiar hostelería y poder trabajar con mi abuelo. Antes de pasarme al campo del espectáculo mi oficio era la hostelería y durante una temporada trabajé con mi abuelo. Antes hice carreras de moto, después el servicio militar, claro. En 1960 hice la "Operación Junco", un prodigio de insensatez, fue una experiencia única en mi vida, algo demencial. Quería ir en moto desde Barcelona a Hong Kong y volver en barco. Me arrestaron en la mili, y tuve que hacer el viaje de ida en avión y regresé en barco. Al llegar a Barcelona, un amigo me propuso dar una conferencia sobre el viaje en los Salesianos. Los chicos esperaban oírme hablar sobre ciudades, gentes, costumbres, temas exóticos... Yo solo sabía hablar sobre la soledad que uno siente cuando está en altamar, lejos de todo, de lo difícil que resulta la convivencia con otras personas, porque para mí lo importante fue el cambio que experimenté. Después, organicé "Operación Impala"[11], con Montesa, un recorrido por África, y así iba viviendo hasta

---

11. Operación Impala: en 1962, cinco jóvenes —entre ellos Regàs— lograron cruzar de sur a norte en moto el continente africano, desde Ciudad del Cabo, en la actual Sudáfrica, hasta Túnez. La marca de motos Montesa fue la encargada de organizar la travesía.

que me planteé el problema: ¿qué hacer? Entonces murió mi abuelo y dejó toda la herencia a los curas despreciando a los nietos. Fue como un desafío, un desafío que quizá marcó, en gran parte, mi actuación posterior. Porque siempre me planteo todo como un desafío, vencer un obstáculo, poder, ganar…, tener éxito. Lo malo es que no sé por qué». *¿Para qué? Esto es lo malo, de todo.*

3 de abril de 1971

8

MARIO VARGAS LLOSA

la inmortalidad de la novela

BOOM, BOOM, BOOM

En 1958, cuando Mario Vargas Llosa ganaba el premio Leopoldo Alas, para narraciones, Alfonso Grosso y sus berzianos debieron haber advertido el peligro. Cierto que era pronto, demasiado pronto, y que desde el centro de la meseta la visibilidad es reducida (sucede siempre que el centro está en un hoyo); de haberlo advertido, se hubieran ahorrado más de un disgusto. Porque a partir de 1962, cuando Mario Vargas Llosa ganó el Biblioteca Breve, con su novela La ciudad y los perros, *ya sería tarde, demasiado tarde. En 1963, la misma novela obtenía el Premio de la Crítica* (boom, boom, boom), *en 1964 Cabrera Infante ganaba con* Tres tristes tigres *el Biblioteca Breve* (boom, boom, boom), *en 1965 Vargas Llosa publicaba* La casa verde, *y Carpentier* El siglo de las luces. *En 1966, Vargas Llosa obtiene el Premio de la Crítica por* La casa verde. *En 1967 Carlos Fuentes gana el Breve con* Cambio de piel *y aparece* Cien años de soledad *de G. García Márquez* (boom, boom, boom). *En 1968, García Márquez llega a España, Adriano González León gana el Breve con* País portátil, *se publica* Coronación, *primera novela del chileno José Donoso, que llega a España en 1969 y a punto está de ganar el Breve cuando Carlos Barral es destituido de Seix Barral* (boom, boom, boom). *Malas lenguas aseguran que un grupo de novelistas hispánicos echaron mal de ojo al editor de la barba florida, al son de una canción: «Barral, Barral, has hecho mal; a los latinoamericanos has querido lanzar y a los novelistas berzianos ahogar: caro la pagarás, de Seix saltarás».* En el 70 aparece Conversación en La Catedral, *de Vargas Llosa. Suena su nombre para el Premio de la Crítica del mismo año, pero los críticos deciden que ya tiene bastantes premios. También aparece* El obsceno pájaro de la noche, *de Donoso. Mientras, ediciones a porrillo de Asturias, Cortázar, Onetti, Borges, Sabato, Rulfo...* (boom, boom, boom).

Los novelistas españoles se amoscan. Grosso lanza el grito de ataque (creo que fue, según cuentan, desde una conferencia en el Instituto Hispánico de Cultura): «¡Novelistas del país entero, uníos! ¡No hay que dejarse engatusar, de lo contrario nos sucederá como en los años cincuenta, cuando Semprún corría por aquí diciendo: "Vosotros, haced novela social, novela social" y mientras, él, en Francia, escribiendo bien! La vanguardia está en otra parte, no en los latinoamericanos». Y a continuación publicó una novela de cuyo nombre... (puf, puf, puf). También los novelistas jóvenes opinan que la vanguardia, en novela, está en otra parte. Y aparece la vanguardia mesetaria: Ferres, Sánchez, Espeso, Ramón Hernández... (plim, plim, plim). Dicen: «Ah, la novela sudamericana, folclorismo, novela tradicional apoyada en Faulkner, Joyce, Frend, nada». Y surge la contestación: la destrucción de Faulkner, Joyce, Proust..., apoyada en los restos del realismo crítico. Afortunadamente, en un debate que se da en el centro, entre escritores que hablan de «vanguardia» como de una ramera de tres reales hora, olvidando que, como su nombre indica, está delante y resulta imposible vislumbrarla con ojos vueltos hacia atrás.

EL RODOLFO VALENTINO DE LOS PAJARRACOS

Mario Vargas Llosa, a las dos y media, espera para almorzar. La cabeza grande, perfil indio, cabello muy negro, grandes ojos negros, inmensos, rostro pálido, mezcla de pajarraco y Rodolfo Valentino. Expresión serena, arrogante, pero afable, voz potente y segura, gestos comedidos, inexpresivos al hablar. Tiene fama de hombre sensato, ordenado, frío y trabajador infatigable. «Nos despertamos pronto, los niños empiezan a deambular por el piso hacia las siete. Pero no me levanto hasta las ocho, me baño, desayuno, y a las ocho y media ya estoy sentado, escribiendo. Trabajo hasta las dos y media o las tres, almuerzo. La tarde la dedico a leer, a escribir cartas... Por la noche, vemos a los amigos, o vamos al cine. Me gusta mucho el cine. No soy una persona ordenada, pero sí en cuanto al trabajo. Escribo cada día, todos los días. Interrumpir la escritura de un libro, para mí, significa una catástrofe. Empiezo un libro y no paro de trabajar en él hasta que lo termino. Como cada libro me lleva varios años, resulta obsesionante, pero es mi modo de trabajar, y el único que me va bien. Esa cosa que llaman inspiración, a mí, solo me viene dada por un mecanismo, un horario fijo. Todos mis libros (excepto el primero, *Los jefes*, que es el peor) los he escrito siguiendo este método: convertir el escribir en una rutina maniática». *Patricia, su mujer, está griposa y deja que Vargas Llosa sirva unas bebidas. Pronostica que tardará una media hora en encontrar vasos, sacar hielo...* «*Es muy torpe para esas cosas, el otro día salí y al regresar a casa lo encontré con unos amigos. Encima de la mesa, la garrafa del agua. Fíjate que echaban agua al* whisky *directamente de la garrafa. No se le ocurrió buscar una jarra». Efectivamente, tardó bastante rato en aparecer con los vasos, se oyen ruidos en la cocina. «Debe de estar rompiendo todo». Pero no, le ha costado, pero al fin llega bandeja en mano y sirve con gran seguridad cantidades de alcohol desmesuradas.* «Es que como yo bebo poco, nunca sé...», *se disculpa sonriendo. Mientras comemos, se habla de cine.* «Me gusta mucho. Me interesa la narrativa cinematográfica. Todos los medios de la historia cinematográfica proceden de la novela. Mis gustos en cine no tienen nada que ver con la literatura, por ejemplo, me gustan películas policíacas y wésterns (no soportaría una mala novela policíaca). Me divierten las malas películas, por ejemplo, melodramas mexicanos, en cambio no podría leer un novelón malo». *Colita presente: se habla, naturalmente, de cine de terror.* «No me gusta el cine de terror. No acabo de creerme la historia y al mismo tiempo lo paso muy mal. De pequeño vi *El fantasma de la ópera* y estuve tres meses sin poder dormir, de verdad, me ponía malo por las noches». *Se pasa revista a las más conocidas películas de terror. No me hace ninguna gracia; a Vargas Llosa, creo que tampoco. Y cuenta una historia real, que me pone los pelos de punta:* «Se trata de un amigo, cubano, especialista en libros sobre vampiros. Lo sabía todo sobre vampiros, no hacía otra cosa que interesarse por el tema y escribir libros sobre ellos. Un día enfermó, contrajo una extraña enfermedad, adelgazó, palideció, su piel se cubrió de manchas, y el médico le dijo que no podía exponerse a la luz del día. Desde entonces duerme de día y solo puede salir de su habitación, completamente cerrada, por las noches. ¡Ah!».

LA NOVELA ES SU LOCA PASIÓN

Pero ahora Vargas no está escribiendo ninguna novela, sino un libro de ensayo, aunque sobre la novela, claro, y sobre el novelista: Historia de un deicidio, *estudio sobre la obra de García Márquez.* «Nació de unos seminarios que di en Estados Unidos y Puerto Rico, y luego en Londres. Uno era sobre García Márquez, y otro sobre teoría de la novela. El libro tiene dos partes. La primera es sobre el creador. Más o menos trato de responder a algunas preguntas como ¿por qué un hombre, un día, intenta crear una novela? ¿Se debe a la casualidad, al dedo de Dios? No creo que sea eso. ¿Por qué escribe determinadas cosas y otras no? Una vez está aclarado el problema del origen de la vocación y el origen de los materiales que trata, me pregunto: ¿por qué un novelista es bueno, malo o mediocre? ¿Es explicable ese factor, se debe a poderes sobrenaturales? Hay un factor muy importante: así como la elección de la vocación no es una elección libre, sino irracional, el talento es algo sobre lo que el creador tiene elección y elige su genio o su mediocridad. La segunda parte versa sobre la obra de Gabo. En un ensayo ocurre lo contrario de la novela. Cuando uno escribe novela, llega un momento en que no tiene control sobre lo que escribe; ese mundo que construye tiene unas normas que hay que respetar; de repente un personaje tiene cara, tiene un carácter, ya no puede decir ni hacer determinadas cosas que uno había pensado. Y eso es, precisamente, la parte que más me fascina en la novela: su parte irracional, incontrolable. En un ensayo sucede lo contrario: hay que tener una visión de conju nto, un control racional. Es un quehacer más tranquilo, menos exaltante. El punto de partida del novelista es una gran ceguera respecto a sí mismo. La vocación es una confusión de unos problemas profundos, problemas que te llevan a negar la realidad para construir o sugerir otra: la de la novela, cuya realidad niega la realidad real. La persona que escribe vive divorciada de la realidad real y vive en contacto con esa confusión personal, con esos demonios que lleva dentro, demonios que uno mismo nunca llega a conocer, pero que cuando los deja sueltos lo acercan a una revelación. El artista es genial cuando los deja sueltos, lo acercan a —o se convierte en— una problemática universal, humana. Se ha convertido en una problemática general. ¿Por qué? No porque el artista sea un ser privilegiado, ni esté tocado por Dios, sino porque hace uso del lenguaje, de una forma; el artista es aquel que es capaz de encontrar ese lenguaje, esa forma que exprese una realidad entera. Ese reproche que se le hace a la novela, ¿cuál es su función? ¿en qué contribuye?, me fastidia un poco. Y quienes lo hacen parten de un error: la novela no es un efecto, es una causa, es el resultado de una problemática. Nunca se puede detectar la influencia de *El Quijote* sobre una sociedad: de ahí el error de la novela edificante, o del realismo social. No digo que no pueda tener una cierta influencia, pero lo importante es el síntoma: una gran novela no es testimonio sino de una insatisfacción, y en este sentido, la novela es una rebelión». *Se habla de la crisis de la novela*. «Quienes dicen eso, quienes opinan que la novela ha muerto están afectados de miopía. En Europa, sí, quizás esté en crisis, pero es una crisis del momento. En Latinoamérica, la novela crece cada día con más fuerza. La novela nació por razones de tipo histórico, social e individual, razones que siguen siendo válidas (aún ahora), por lo tanto, no creo en la muerte de la novela. Solo desaparecerá cuando desaparezca la infelicidad o cuando exista una sociedad planificada donde la irracionalidad, como expansión individual, no tenga cabida. El punto de partida de esa teoría de la crisis de la novela es Luckács: según él la novela nació con la burguesía y desaparecerá con ella. Eso no está demostrado. La novela nació antes que la burguesía, y países donde se ha suprimido la burguesía siguen produciendo novelas». *Ha caído ya la tarde, hace rato. Mario Vargas Llosa sigue hablando sobre la novela, sobre novelistas, se apasiona hablando de Flaubert.* «A veces, cuando estoy un poco deprimido, no puedo dejar de pensar en la escena de la muerte de Madame Bovary, es magistral. Flaubert, para mí, es el novelista perfecto. Me gusta todo Flaubert».

Carpentier, en recientes declaraciones, opinaba que García Márquez había escrito un libro muy bueno, pero tenía una gran tragedia en su vida: «Fuma tres paquetes de cigarrillos al día». Vargas no fuma (lo dejó), no bebe en exceso, una vida tranquila, ordenada, sigue hablando sobre la creación, sobre el arte, y al llegar la hora de la cena, pero sin perder la compostura (aunque desde que se inició el tema, tiene cierto gesto amargo en los labios y se ha ensombrecido ese rostro jovial, semejante al de los muchachos que felizmente acaban de obtener el título de graduado) Vargas aparece extrañamente dominado por alguna fuerza, quizá maligna, o *quizá no*. «Los demonios que todos llevamos dentro, la insatisfacción... Pero quizá si no los tuviera, no escribiría».

10 de abril de 1971

9

ALFREDO BRYCE ECHENIQUE

érase un hombre tímido

¿UN PREMIO PARA *JULIUS*?

Hoy, domingo, se falla en Sitges el Premio de la Crítica para la mejor novela publicada en lengua castellana durante el pasado año. El premio se hará público después de una comilona, y ahora, a las doce de la mañana, las noticias que llegan de Sitges dan como seguro ganador a Alfredo Bryce Echenique, novelista peruano, de treinta y dos años. La novela: Un mundo para Julius, *editada por Barral Editores. El éxito de crítica y de ventas la ha acompañado durante los últimos meses. Sin embargo, dos enemigos se ciernen sobre la novela de Bryce:* El obsceno pájaro de la noche, *de Donoso, y un grupo de críticos que se niegan a premiar a una novela latinoamericana y buscan, hurgan, entre la lista de novelistas españoles esperando encontrar una novela premiable, una buena novela que premiar sin hacer el ridículo. Entonces han salido dos nombres: Juan Marsé y Juan Benet. A ver qué sucede en Sitges. Mientras, encuentro a Bryce Echenique en casa de un amigo peruano. Bryce se halla en Barcelona por casualidad, ha venido a pasar dos o tres días por asuntos de trabajo y se ha encontrado con que le aseguran que va a ganar un premio.* «Te aseguro que no estoy nada inquieto. Me da absolutamente lo mismo. Me alegraría, en caso de que me lo dieran, por Carlos Barral, que me ha editado el libro y se ha portado muy bien conmigo. Pero por lo que a mí respecta, me da igual. Claro que podría ponerte el ejemplo de aquel personaje de una comedia de Montherlant[12]: un señor está tranquilamente en su casa cuando llama a la puerta un especialista en genealogía, este le asegura que es descendiente de san Luis, rey de Francia y, enseñando un árbol genealógico, le dice que puede conseguirle el título que le corresponde. Él asegura que tanto le da y le dice que no se tome la molestia. Pero el genealogo[13] insiste e insiste día tras día. Esto dura meses, y él sigue diciendo que no le importa. Hasta que un día llega el genealogo y le comunica que todo ha sido un error y que no es ningún descendiente de san Luis, rey de Francia. Entonces al personaje de Montherlant, que se había mostrado tan frío y desinteresado, le da un patatús y cae muerto de la rabieta... Yo no sé, ahora tanto me da que me den o no el premio, pero a lo mejor esta tarde, cuando me digan que no me lo dan, me da un patatús. En todo caso, es una experiencia interesante. Me servirá para conocerme a mí mismo». *Un dato: en el pasado Premio Biblioteca Breve, que no fue concedido por solidaridad del jurado con Carlos Barral, había dos novelas latinoamericanas luchando por el triunfo,* Un mundo para Julius *y* El obsceno pájaro de la noche, *de José Donoso, chileno. En el premio que se otorga esta tarde sucede lo mismo, ¿quién ganará?* «He leído la novela de Donoso, me parece una novela extraordinaria, magistralmente escrita y con una capacidad imaginativa fuera de lo corriente. Los dos concursamos al "Breve", que no fue concedido. Ya he

---

12. Henry de Montherlant (1895-1972) fue un escritor y dramaturgo francés, elegido miembro de la Academia en 1960. En su obra literaria abordó temas tales como la amistad, la tauromaquia, Roma y el suicidio. Su novela más conocida es *Los bestiarios*. Tras un accidente perdió prácticamente la vista; se suicidó en septiembre de 1972.
13. Genealogista sería más correcto, según el *Diccionario de la Lengua Española*, 23.ª ed., 2014.

dicho que no estoy nada inquieto por lo que pueda suceder esta noche en Sitges, pero si gana Donoso solo podré decir una cosa: habrá ganado una novela excelente».

UN MUNDO PARA ALFREDO BRYCE

Alfredo Bryce nació en Lima, en 1939. Estudió en la Universidad de San Marcos, en donde fue alumno de otro conocido escritor peruano: Mario Vargas Llosa. Se doctoró en Derecho, se licenció en Literatura y luego marchó a Francia para obtener el doctorado en Literatura. Pasó nueve meses en París y luego estuvo en Peruggia, donde escribió un libro de narraciones, Huerto cerrado, *que concursó al premio Casa de las Américas y fue publicado en La Habana (pronto aparecerá en Barral Editores). Después regresó a París y vive allí desde hace siete años, dando clases en Nanterre. Un curso sobre literatura latinoamericana y otro sobre civilización de los países sudamericanos.* «Bueno, antes de instalarme en París, viví en Italia, y en Francia, arrastrándome como un fantasma. Experimenté el fracaso del peruano en Europa. Viví sumido en el masoquismo del peruano que anda por Europa entre peruanos, hablando del Perú, intentando salvar un mundo limeño que me había traído conmigo y que se había venido abajo. El criollo es un tipo muy tímido, y tan autodestructivo como su propio país. Hay dos ejemplos muy claros de ello: uno es la novela de Vargas Llosa, y otro el equipo nacional de fútbol. Hay un partido, clima de euforia, todo el mundo cree que el equipo va a ganar; sale al campo, juega muy bien,

105

los jugadores empiezan a pasarse la pelota, hacen muchas filigranas, pero no hay manera de que marquen gol, dominan el balón y el terreno de juego, pero es como si tuvieran miedo de tirar a puerta. Los peruanos somos así». *Él, Bryce, es bastante tímido. Amable, simpático, sonríe constantemente, se ruboriza bajo la piel oscura y mira de un lado a otro muy inquieto. Con voz suave y acento dulcemente limeño, dice:* «Sí, soy muy tímido, pero soy de estos tímidos que hablan, lo que yo no puedo hacer es moverme con soltura. Por ejemplo, a veces voy a una casa, y me invitan a cenar. Entonces digo que ya he cenado (aunque sea mentira). Lo que me aterroriza es mover las manos». *Y sigue hablando (moviendo muy de vez en cuando las manos).* «En París trabajo bastante. Aparte de dar clases en la universidad (que es de lo que vivo) estudio idiomas, y leo muchos libros sobre historia de América Latina, sobre la sociedad criolla, cómo se formó esta mentalidad antes de la independencia. Soy bastante metódico, aunque de vez en cuando paso dos o tres días entre juergas. Luego me entra cierto remordimiento y vuelvo al trabajo continuo. Pero la verdad es que vivo bastante aislado. Leo novela y ensayo literario, aunque lo cierto es que soy un crítico pésimo. No me equivoco con los grandes genios, pero de repente descubro a algún escritor que me enloquece, hago que mis amigos lo lean, y no les gusta nada, este fracaso me hunde para varios días. Últimamente he descubierto a Onetti y me ha entusiasmado, algo así como lo que me sucedió hace dos años con Céline. Claro, en estos casos, acertar con tan grandes novelistas no es ningún mérito. Con respecto a teoría literaria, leo bastantes libros de ese género, pero no los entiendo, o quizás es que tenga horror a entenderlos y a aprender fórmulas que a la hora de escribir me molestarían. Al final de la lectura de un libro sobre teoría literaria me quedo con una idea central que trato de olvidar lo más pronto posible para no ponerla en práctica: es una especie de rebeldía. Creo que cuando uno escribe un libro debe olvidarse de todo cuanto ha leído. Me pasó eso al escribir *Un mundo para Julius*. Aunque haya en mi libro cosas que ya hayan hecho otros, en el momento de escribirlas fui yo quien las descubrió. Vale más decir algo de verdad diez veces y descubrirlo uno mismo, que descubrir algo utilizando la astucia y las teorías de otros. En mi novela, todo arranca del nombre de Julius y Cintia. Escribía la palabra "Julius" y a continuación escribía treinta o cuarenta páginas, sin premeditación alguna. Coincidió con el primer año y medio de mi matrimonio y fue la época más feliz de mi vida. Escribía, leía el manuscrito a mis amigos... Creo que ya nunca podré volver a escribir tan felizmente como entonces porque, entre otras cosas, al entrar en un proceso editorial creo que he perdido un poco el sentido de la libertad que me llenaba al escribir *Julius*».

HABLEMOS DEL *BOOM*

«Ahora escribo un libro de relatos. Pongo como título un refrán, por ejemplo, "Al agua patos" o "Me cago en la mar serena", y escribo sobre eso». *Bryce acaba de entrar en el* boom *en un momento en que algunos críticos y novelistas de la meseta se han plantado y exclamado:* «No debemos permitir que se nos coman el pan» *(mejor, la berza).* «Bueno, hay que tener en cuenta que el *boom* no es ninguna exageración. Además de la calidad de algunos escritores se da el caso de que, surgiendo un buen escritor en cada país latinoamericano, suman veinte. Al mismo tiempo, España, siendo un solo país, es normal que solo dé uno o dos buenos escritores por generación. No creo que el *boom* sea una escuela literaria, cada escritor es muy distinto del otro. Solo hay un punto de unión: presentar Latinoamérica sin dar una visión folclórica. No se da una visión turística, como vista desde fuera, sino por el contrario, presentan la vida cotidiana de unos hombres que viven, tienen un destino, y sufren como todos los demás. A mí me gusta muchísimo Vargas Llosa, Rulfo, me entusiasma Onetti, el Carpentier de *El siglo de las luces*, *Cien años de soledad*, Cortázar como cuentista. Por otra parte, hay escritores que aquí nadie conoce y que son tan buenos —algunos incluso mejores— como los citados, como Julio Ramón Ribeyro, Martín Adán, Felisberto Hernández... Son escritores de antes del *boom* y han quedado, quizás, un poco enterrados bajo figuras tan conocidas como las citadas».

EL PREMIO DE LA CRÍTICA: TRIUNFO DE LA *BERZA* O LA MEDIOCRIDAD

Bryce Echenique, después de comer, se reúne con amigos peruanos residentes en Barcelona. En espera del resultado que debe llegar de Sitges, quizá vayan a tomar el sol a la playa. Quedamos citados para la hora de la cena y celebrar el *triunfo. Pero a media tarde llega la noticia: Alfonso Grosso ha ganado el Premio de la Crítica. Recuerdo el ejemplo de Montherlant que Bryce ha puesto esta mañana y me pregunto si habrá muerto del desengaño. Nada. Bryce, por la noche, está tan tranquilo como antes.* «Bueno, no conozco la novela de Grosso. ¿Decepcionado? Pues no, ya dije antes que me daba igual. Si me lo daban, bien, si no, también. Estos engranajes de premios siempre me asustan un poco». *Bryce es un hombre pacífico, tímido, seguramente de haber ganado el premio, no estaría tan tranquilo. Los críticos se han cubierto de gloria. Está presente un crítico y se pone colorado.* «Ha sido un desastre. A este premio ya no se va a votar al mejor, sino a votar en contra del mejor. Querían que ganara un novelista nacional...». *No entiendo el razonamiento, pues en tal caso hubieran podido ganar Marsé o Benet. Y el crítico hace un poco de historia referida al premio durante los últimos años:* «El año pasado ganó Fernández Santos *frente a* Conversación en La Catedral *de Vargas Llosa. El anterior ganó García Pavón, frente a* Cien años de soledad; *el otro, ganó Agustí frente a* El siglo de las luces *de Carpentier».* Bryce sonríe, ni le va ni le viene. Y quizá tenga razón: no tiene importancia. Porque el Premio de la Crítica (si continúa así) no es nada importante.*

24 de abril de 1971

10

JAUME PERICH
el humor hecho viñeta

DÍA DEL PERICH

El pasado día 23 de abril, más que Día del Libro, fue Día del Perich. Los best seller *de la jornada:* Love Story *y* Autopista[14]. *De este último, antes del Día del Libro, se habían ya vendido cerca de los ciento veinticinco mil ejemplares. Después del día 23, se calcula que* Autopista *anda por encima de los doscientos mil ejemplares. Había quedado citada con Perich para escribir sus veinticuatro horas durante el Día del Libro, pero resultó imposible. En las librerías en donde se le había reclamado para firmar ejemplares de sus libros, aparecía Perich casi sepultado por montones de* Autopistas, *rosas que le regalaron las fans, señoras con el carrito de la compra, niños con carteras escolares, señoritas que, mientras hacían cola, comentaban: «¡Qué guapo es! ¡Qué bigote! ¡Ah, se pone colorado! Chica, los tímidos me chiflan». Señores que salían de la oficina, una ancianita de pelo blanco, apoyándose en su bastón: «Je, je, qué pillín es usted, qué pillín». Tras más de media hora de espera consigo llegar cerca del «Hombre de la Autopista», detrás de un montón de libros y brazos en alto, aparecen los bigotes y las gafas de Perich:* «Ja ho veus, noia. Tendremos que dejarlo para otro día». *El rostro de Perich aparece congestionado por el calor. Las dependientas de la librería intentan*

---

14. *Autopista*: título del libro publicado por Jaume Perich en 1970 (Barcelona, Editorial Estela) en el que, mediante frases breves y algunas viñetas, diseccionaba la realidad social de aquellos años con un sentido del humor inteligente y afilado.

poner orden en la cola, pero no hay modo. Peleas: «Oiga, no empuje. Señora, haga el favor de ponerse en la cola. Deixi'm pasar, tinc el dinar al foc». Perich está nervioso y no de muy buen talante: «No sé qué sucede. Ni que fuera Raphael. Estoy harto, agotado. Mañana mismo me largo de Barcelona, planto las colaboraciones unos días y me marché a descansar. Acabaré loco». *Quedamos citados, en un lugar secreto, cerca de Barcelona, en donde Perich, al borde del* surmenage[15], *se retirará para recuperarse del fatigoso golpe de la fama. De momento, lo dejo rodeado de señoras ansiosas por estrecharle la mano, de niños que le tocan el bigote, de chicas que se quedan embobadas admirando su pelo lacio, de señoras que le dan una palmada en la espalda y exclaman:* «Noi, ja en tenen ja d'intenció els seus ninots».

LEJOS DEL MUNDANAL RUIDO

Al cabo de cinco días encuentro a Perich en su retiro solitario. Una casa rodeada de pinos y, no muy lejos, el mar. Hace unos días que lectores y amigos echan de menos las colaboraciones periodísticas de Perich. Se oyen varias interpretaciones acerca de la desaparición de Perich: algunas malévolas. Agotado por el trabajo, ha tenido que internarse y está bajo los benéficos efectos de una cura de sueño. El autor más vendido de España se ha fugado a las Bahamas con Greta Garbo que, harta del mundo y de los hombres,

---

15. *Surmenage*: agotamiento por exceso de trabajo.

se ha prendado del joven y guapetón humorista para que le alegre los últimos años que le restan de vida. También se dice que un grupo de desconocidos, ocultos por la oscuridad de la noche, le salieron al paso en una esquina, le arrearon un mamporrazo y a resultas de la refriega, Perich está hospitalizado, sin haber recuperado el conocimiento. Pero nada de todo esto es cierto. Para tranquilidad de fans y lectores de Perich, les diré que he visto a Perich, en persona, y que está sano y salvo, y que su breve retiro se debe únicamente a ganas de descansar después de una larga temporada de excesivo trabajo. Un poco delgado, serio, un poco tímido al hablar, con su bigote, sus gafas, su pelo lacio, la expresión grave. Perich se explica: «Hacía cinco años que no sabía qué era pasar un día sin trabajar. Ten en cuenta que tengo colaboración en *Tele/eXprés*, en *La Vanguardia*, en *Fotogramas*, en *Gaceta Ilustrada*... Estas fijas, más colaboraciones mensuales, o irregulares, en otras publicaciones. Claro, el error ha sido mío porque cuando me pedían colaboraciones no sabía decir no. Ahora me estoy replanteando muchas cosas. Tenía necesidad de estar unos días solo y pensar sobre qué tengo que hacer y qué no». *Perich, en su retiro, se levanta a las nueve de la mañana, baja al pueblo, compra pan y jamón.* «Desde que estoy aquí no he comprado ni un periódico. ¡Qué tranquilidad!». *Regresa a casa, se prepara el desayuno, desayuna. Toma el sol. Espera la hora de comer. Hoy llego yo y le estropeo el día. Mi problema de conciencia me lo soluciona un joven perteneciente a la distribuidora de libros a la cual pertenece* Autopista, *y que ha dado con Perich para convencerle de que vaya a Bilbao a firmar libros. Mientras comemos, en un pequeño restaurante en donde no hay más clientes que nosotros, Perich se resiste.* «No, no y no. Quiero estar tranquilo. Yo soy un humorista, no un vendedor de libros. Quiero descansar y trabajar. No soy una estrella de cine o un cantante. El éxito de *Autopista* ha desbaratado mi vida, mi ritmo de trabajo, todo, y no puede ser, ¡no puede ser!». *El vendedor de libros me guiña el ojo: «Ya lo convenceré». Pero no lo convence.*

PERICH 3 Y 1/2: CUARTO ANIVERSARIO DE BOCACCIO

Primero, Perich Match, *después siguieron* Autopista *y* Setze fetges. *Ahora, tras estos tres títulos, Oriol Regàs, el Hombre del Bombín, acaba de publicar el* Perich 3 y 1/2 *(no hay que ser menos que Fellini), libro conmemorativo del cuarto aniversario de Bocaccio. Perich es un hombre trabajador, pacífico, amante de su profesión; sin embargo, este retiro huele a nerviosismo exacerbado, a crisis no dominada.* «Mira, no se trata de que esté profesionalmente en crisis, ni que atraviese una situación personal, íntima, excesivamente preocupante: estoy casado, tengo una niña, y mi vida familiar puede calificarse de satisfactoria. Pero este repentino éxito de *Autopista* me ha cogido desprevenido. Ten en cuenta que últimamente, para poder trabajar en casa, era necesario descolgar el teléfono y cuando llamaban a mi puerta, decir que no estaba en casa. Porque durante todo el santo día era una procesión de gente que quería conocerme, gente que me pedía conferencias, patrocinar publicaciones infantiles, contratar libros con editoriales que no sabía ni que existían, colaboraciones en revistas extrañísimas, personas que únicamente deseaban saludarme... En fin, que *Autopista* ha tenido una audiencia, de la cual me alegro, pero que ha acabado con mi tranquilidad hasta el punto de no tener tiempo ni de trabajar. Por otra parte, me alegro mucho de que mis libros gusten, se vendan, se lean, etc., pero me preocupa que la gente me tome por el "Hombre de *Autopista*", por la única razón de que *Autopista* no es un libro demasiado importante, desde el punto de vista mío, particular, de que yo puedo hacer otras cosas, otros libros que me satisfagan más. Por ejemplo, me gusta más *Setze fetges*. *Autopista* no es más que una recopilación de trabajos periodísticos, un libro en el que hay cierto número de frases brillantes que se pueden repetir en reuniones sociales para quedar brillante.

Ahora bien, yo no soy un fabricante de frases brillantes, un autor a lo Oscar Wilde. Yo soy un dibujante, y por encima de lo que escribo, me interesa lo que dibujo, aunque lo cierto es que, a menudo, necesito escribir. Mira, yo dibujo cada día, y solamente escribo un día a la semana: el jueves, día en que me encierro en mi casa, sin salir ni ver a nadie. Escribo unas catorce páginas, de las cuales solo sirven cuatro o cinco, porque voy escribiendo todo lo que se me ocurre. Necesito escribir, utilizo la frase brillante; pero, sobre todo, soy un dibujante y cada vez me interesa más el chiste (por decirlo de algún modo, porque la palabra me molesta) ambiguo; actualmente me interesa el humor negro, el absurdo y el erótico, pero teñido de cierta ambigüedad. Por otra parte, quiero dejar bien claro que una cosa son mis colaboraciones periodísticas (las cuales no desprecio ni mucho menos) y otra los libros que pienso hacer. He llegado a la conclusión de que de ahora en adelante publicaré dos libros al año: uno, recogiendo mis colaboraciones en periódicos (seleccionándolas y corrigiéndolas), y otro de creación, que no esté forzado por la "noticia diaria", un libro inédito».

ALGUNOS RECUERDOS, ALGUNOS PROYECTOS

Hace ya rato que ha caído la tarde, y entre el vendedor de libros y yo le hemos estropeado a Perich la siesta al sol. Y después de las siete de la tarde, llega la hora de la primera copa. Perich prefiere la ginebra. Siempre ginebra. Yo whisky, *pero sin hielo, porque he llegado a la conclusión de que lo que emborracha es el hielo. Veo que Perich también toma su ginebra sin hielo. Joan de Sagarra, en el divertidísimo prólogo al* Perich 3 y 1/2 *(el «Bocaccio-Perich»), dice que «Perich es un habitual de Bocaccio; Perich bebe ginebra en Bocaccio, mucha ginebra, y a eso de las tres, una hora antes de que nos echen, Perich se encierra en el váter, pinta uno de sus dibujitos en la pared, se mira en el espejo, sonríe, enciende un "ducado" y se marcha a su casa, satisfecho, ligeramente satisfecho». Por lo visto, Sagarra tiene razón (y no me parece mal, sino todo lo contrario).* «Sí, tomo alguna copita; es por timidez, cuando bebo hablo más, me envalentono». *El vendedor de libros ha dejado de dar la lata para que Perich vaya a firmar libros, y ha caído en la cuenta de que, en ese mismo lugar, transcurrieron sus veraneos, durante su perdida adolescencia. También los de Perich. Por lo que he oído, Perich era más tímido que ahora, bailaba (o lo intentaba) en la pista del Casino, iba a sesiones de cine* en donde echaban dos películas, y hasta la segunda no se atrevía a tomar la mano de la chica que tenía al lado. «¡Oh, es que iba a un colegio de curas, y el *capellà* nos decía que esto era pecado mortal!». *Continúa la conversación sobre los colegios de curas y las colonias veraniegas de los años cincuenta. Entre recuerdos y anécdotas, Perich sigue mostrándose preocupado por su trabajo.* «Creo que voy a preparar una exposición, pero aún no puedo decirte nada respecto a ella, solo que el propósito inicial es que el público salga muy *emprenyat* de la sala, que se sienta incómodo». *También cuenta que le han pedido su colaboración para una exposición que va a celebrarse en París, en el Museo de Arte Contemporáneo, a la cual únicamente concurrirán tres o cuatro humoristas españoles.* «Me hace mucha ilusión». *Es hora de cenar. Regreso a Barcelona. Perich va a cenar, leerá un rato (Fantomas), dará una vuelta antes de acostarse. Me despido, y a lo lejos quedan las voces del vendedor de libros y de Perich:* «Que no, que no voy a firmar libros a Bilbao, ni a ninguna otra parte, quiero descansar, pensar, preparar mi trabajo, quiero estar tranquilo. ¡Quiero estar tranquilooooo...!».

7 de mayo de 1971

11

JUAN GARCÍA HORTELANO

el amigo entrañable

UN EMBAJADOR EN LAS RAMBLAS

Se cuenta que, hace ya bastante tiempo, en Madrid, durante el transcurso de una cena de escritores e intelectuales del centro y de la periferia, se empezaron a repartir hipotéticos e ilustres cargos representativos dentro del mundo de las letras. Se cuenta que, tras largas deliberaciones, Castellet se quedó con el título de embajador de la cultura catalana en Madrid, y Juan García Hortelano con el de embajador de la novela madrileña en Barcelona. Tan bien cumplen su cometido que cuando uno va a Madrid no debe alargarse en explicaciones sobre qué ha sucedido en Barcelona durante los últimos días porque Castellet ya ha pasado la debida información al embajador residente en la capital. Del mismo modo, Hortelano cumple con la obligación impuesta y está en permanente contacto con Castellet. Cuando un escritor llega de Madrid, lo primero que hace, por lo general, es presentarse a Castellet, quien le inicia en la lectura de Espriu, le muestra los nuevos locales de Edicions 62 (siempre son nuevos, dado el constante cambio de domicilio), lo lleva a cenar a la Font dels Ocellets (antes lo ha acompañado de compras por el Paseo de Gracia y Tuset) y después una copa en la sede de la embajada, en Bocaccio (así sucede con diversas personalidades que van desde el venerable Aranguren al último de la coqueluche). Del mismo modo obra Hortelano en Madrid. Abre sus salones (el de su casa y los de dos anexos que tiene: Oliver y el Pub) y allí le espera la flor y nata de la intelectualidad madrileña reunida por Hortelano quien, hay que decirlo, se comporta mucho mejor que Castellet, pues además de organizar festejos en honor del que llega, acude al aeropuerto a recibirle. A menudo, ambos embajadores viajan de una ciudad a otra y celebran conversaciones. Hay quien dice que, dos veces al año, se reúnen en terreno neutral y secreto —Zaragoza—, pero lo más seguro es que dicho rumor sea falso: les basta con encontrarse en ferias de libros, premios literarios o encuentros culturales en donde pueden aparecer juntos sin llamar la atención y cuchichear y pasarse notas en clave. También se dice que Carlos Barral está en el ajo e incluso que les pasa un no desdeñable sueldo, pero no lo creo: ellos actúan por vocación. Sabidas son las cualidades que se precisan para tales cargos: prudencia, tacto, simpatía, físico agradable, don de gentes, curiosidad ante el mundo y ante las gentes... Y un poco de picardía. En cuanto a la picardía, indudablemente, gana Castellet, de quien dejaremos ya de hablar para intentar un breve retrato de Hortelano: más bajo que el «mestre de les lletres catalanes», pero con más gracia. Las mujeres no se desmayan cuando da una conferencia (como les sucede con el coqueto Castellet), pero tras haber conversado con él durante dos horas, le mandan orquídeas a casa. Habla siempre intentando hacerlo en serio (voz gruesa, movimientos de cabeza y de manos), pero se le escapan las bromas y la sonrisa eterna. Existe la leyenda de que jamás se ha peleado con nadie, y debe de ser cierto, uno está seguro de ello en cuanto conoce un poco a Hortelano. No es que sea hipócrita con la gente, tiene amigos y conocidos y no se mete con nadie: con los amigos, porque lo son, y con los conocidos, porque no vale la pena. Siempre dispuesto a hacer un favor, es divertido e ingenioso, cuenta anécdotas y chismes mejor que nadie, es discreto si se le pide, es el primero en leer el libro de los amigos y, si se le pide, es sincero en sus juicios; nunca dice no al amigo que precisa su compañía para ir a tomar una copa (o para lo que sea) y sabe infundir un extraño optimismo a quienes le rodean (y digo extraño porque en los ojos de Hortelano, además de afecto, hay mucha tristeza). Es, en resumen, un hombre entrañable. Lo conocí hace tres o cuatro años en una cena, en un restaurante de las Ramblas, y tras unas copas alguien tuvo la sana idea de subir a la parte alta de la ciudad para tomar una infusión de poleo. De repente, Hortelano hizo parar el coche para bajarse. «Ahora que veo el quiosco, ¡quiero comprar *El Vigía*[16]!». *¿Qué era eso?* «Claro, tú eres muy joven y no lo conoces, pero cuando yo vivía en Barcelona, cada noche comprábamos un periódico que salía al amanecer, un periódico que editaba el puerto». *Aquella noche, Hortelano no encontró* El Vigía, *ni a la siguiente, tampoco. Pero cada vez que viene a Barcelona, lo busca.* «Seguro que aún debe de existir». *Hoy, Hortelano, naturalmente, me ha citado en las Ramblas.* «Mira, chica, es que me gustan». *Y antes de entrar en un café, se compra (a falta de* El Vigía*) una fotonovela.*

---

16. *El Vigía*: importante diario de la prensa del transporte y la logística, apareció por primera vez en Barcelona en 1895. La intención del diario era informar puntualmente de las novedades e incidencias relativas al transporte marítimo, con especial atención al movimiento portuario barcelonés. Dejó de publicarse en 2020.

ANTES DEL PREMIO BARRAL
EDITORES DE NOVELA

Aparte de para parlamentar con Castellet, Hortelano, en esta ocasión, ha venido a Barcelona para acudir a las votaciones del premio de novela instituido por Carlos Barral. «Pues, chica, no sé quién ganará. Hay dos novelas buenas: una, la que más me gusta, es de un argentino; una novela muy buena, muy madura; la otra es de una chica muy joven, una novela muy descarada que pasa en un colegio de monjas». *Son las doce de la mañana, sol y luz en las Ramblas. Hortelano, como siempre, de muy buen humor.* «A las dos debo presentarme a comer con los demás jurados y empezar a deliberar, quiero decir a pelearnos. ¿Qué vida hago desde que he llegado? Pues mira, me levanto muy temprano, con "clavo" (resaca). Como un clavo quita otro clavo, me lo quito y empiezo a leer manuscritos de última hora hasta la una. Entonces empiezo a ver gente y no paro en toda la tarde hasta la medianoche (o más tarde). Llevo, no veinticuatro horas, sino setenta y dos intentando localizar a Juan Marsé y a Goytisolo, que son amigos casi de la infancia (que fue ayer, no vayas a creer), y no me voy hasta haberles visto. De regreso al hotel, a las tantas, compro la prensa en las Ramblas, cosa que no puedo hacer en Madrid. Una vez Pratolini[17] me dijo que solo amaba dos ciudades: Roma y Barcelona, precisamente por eso, por poder comprar revistas y periódicos a las tres de la madrugada. Leo la prensa antes de acostarme, repaso lo que debo

---

17. Vasco Pratolini (1913-1991) fue uno de los más relevantes escritores italianos del siglo XX y uno de los impulsores del neorrealismo.

hacer al día siguiente (lo mismo que el día anterior) y me acuesto». *Hortelano sonríe, contento.* «Lo paso muy bien siempre que vengo a Barcelona, aunque sea por trabajo, son una especie de vacaciones agitadas». *Pero la vida de Hortelano, en Madrid, es agitada, según dicen.* «Bueno, es el negativo de ese positivo en color tan bonito que significan mis días aquí. En Madrid, pues mira, voy al ministerio por la mañana, salgo a las tres. Voy a casa, como y me lavo el cerebro». *¿Cómo se consigue eso, que puede ser fuente, si no de felicidad, sí de tranquilidad?* «Lo hago muy bien porque llevo años haciéndolo: me olvido de todo, absolutamente de todo, leo un buen rato y eso me hace olvidarme del mundo. A las cinco empiezo a trabajar y escribo hasta las nueve y media o diez. Según la temporada que lleve sigo en casa o salgo, depende del trabajo. Tengo dos sectores de amigos: amigos que se dedican a la literatura con los que no se suele hablar de literatura sino de la edición, y otro sector de amigos que no se dedican a la literatura y con quienes sí se habla de literatura. No me trato con escritores, sino con amigos». *Hortelano, cuando vivía en Barcelona, se dedicaba al cine.* «Sí, y ganaba mucho dinero, pero no me gustaba, dejé de escribir guiones. La verdad, el cine no me gusta, casi nunca voy, ni me gusta hablar de cine, solo lo hago con Juan Benet, a quien tampoco le gusta. A veces Molina Foix u otro jovencito de la coqueluche nos arrastran, qué desastre, hace poco me arrastraron para ver *Gertrude*, me puso muy nervioso, todo el rato se levantan y se sientan, lo único que entendí es que la señora tarda doce años en escribir un poema y solo vi sillas y sofás. Me divirtió *To Be or Not to Be*, y algunas especies de revistas que me lleva a ver Guelbenzu y que me divierten». *Ahora que recuerdo, la afición de Hortelano es el fútbol.*

127

«No, más bien es como un escape de mis frustraciones generacionales o políticas. Pertenezco a una generación que nunca ha ganado en nada, en el fútbol es muy fácil: te pones de lado del campeón y ganas. Pero en el fondo, me aburre. Sí, tengo una afición oculta: el juego, que me gusta cada vez más. El póker, el mus y las carreras de caballos, pero no tengo dinero para practicarlo a menudo, solo lo hago cuando puedo».

EL GRAN MOMENTO DE
MARY TRIBUNE

Ha publicado tres libros: Nuevas Amistades *(Premio Biblioteca Breve del 59),* Tormenta de Verano *(1961) y* Gente de Madrid *(1967 y libro preferido por el autor); Hortelano está terminando su última novela, en la que lleva metido desde hace siete años y que lleva este sugerente título:* El gran momento de Mary Tribune. *Esperemos que signifique «el gran momento de García Hortelano».* «Tiene ochocientos cincuenta folios, y la estoy corrigiendo desde septiembre. No sé qué he hecho, ni quiero planteármelo. A veces creo que es fenomenal y otras que es un horror. Lo que hago ahora es reajustar las estructuras, preocuparme por problemas sintácticos y léxicos, estoy en los problemas del empleo del subjuntivo; que es el problema del oficio. No la sé contar, en el libro no pasan cosas. Está escrita en primera persona, sin capítulos, es una primera persona muy torrencial, un machista disfrazado de las mejores virtudes, un tipo encantador. Mary es la protagonista, una mujer tonta, bella y buena. Hay un despliegue de tipos de mujeres, y no hay trama policial, lo cual es inusual en mí. Trata el problema de la edad, aventuras amistosas que tienen la fuerza de las amorosas...».

DELIBERACIONES DE UN JURADO EN LA SAUNA

A las dos, tras un paseo por las Ramblas, Hortelano va al hotel donde a las ocho de la tarde se anunciará el fallo del jurado del premio. Allí están ya Félix de Azúa, Castellet, Carlos Barral, Salvador Clotas y Mario Vargas Llosa. Castellet con camisa rosada y corbata de flores; Clotas con camisa de seda amarillenta; Azúa (el único coqueluche) va de sport; *Barral, vestido de negro (para algo es el editor y quien debe imponer respeto); Vargas Llosa, peinado a lo Rodolfo Valentino. Puede discutirse si el conjunto da el mejor jurado o no, pero indudablemente, es el más guapo. No me permiten espiar demasiado, pero solo hablan de dos novelas: la del argentino y la de la joven M. Luz Melcon. Dicen que van a comer y a empezar a deliberar. Me despido de Hortelano hasta las ocho.* «Me armaré de paciencia. Esto irá para largo. Como somos seis, puede suceder como el año en que ganó Marsé, que surgió un empate y la discusión duró siete horas». *A las ocho, copas en el mismo hotel para escuchar el acta del jurado. Mucha gente. Empate entre el argentino Conti y la Melcon, que ha llegado. Los del jurado no parecen nada cansados, por el contrario: recién peinados y frescos como una rosa. Hortelano y Castellet (por separado)* *se chivan: han pasado la tarde en una sauna.* «Pero después de votar». *¿Qué van a decir ellos? Lo cierto será que se han ido a votar a la sauna. M. Luz Melcon tiene veintiocho años, es asturiana y vive en Madrid. Traduce del francés y escribe poesía y narraciones. La novela se titula* Al otro lado del silencio. «Es una denuncia de la enseñanza religiosa en este país, y cómo esa superestructura tiene efectos catastróficos, sobre todo en la mujer». *Dicen que es una novela muy escandalosa.* «Sí, porque pone de manifiesto cosas que se dan en el país y que ya no deberían darse, y porque toca el tema de la homosexualidad». *Félix de Azúa está contento con el resultado.* «Tengo más simpatía por la novela de la Melcon que por la de Conti. Mejor, para el premio, un buen intento renovador que una novela correcta de un profesional maduro». *A Clotas le gusta más la de Conti.* «Es una novela muy profesional, muy hecha. La única que, al margen de mi criterio y compromisos, ha logrado conmoverme. La Melcon se ha mitificado, es solo una primera novela, y se nota. Lo difícil es encontrar un criterio de valores objetivos para aplicar a la novela a la hora de votar. Hoy no hay valores objetivos, lo único a tener en cuenta es que la novela esté bien escrita y que conmueva o no». *Vargas Llosa:* «El resultado refleja bien mi criterio y el dominante en el jurado. Teníamos una novela de madurez, muy buena, y una novela de juventud, imperfecta, pero con destellos formidables. El promedio era bastante bueno». *Carlos Barral:* «La actitud del jurado ha sido conservadora. Hubiera preferido la novela de la Melcon, pero la competencia era difícil. En las bases se suprimirá la exigencia de las trescientas páginas. Este año teníamos una novela excepcional de Mirco Bukin:* Checherela, *que no ha entrado en concurso porque no alcanza la extensión* *establecida. Es absurdo». Sí, muy absurdo. Se han presentado al premio Pedrolo y Teresa Pàmies. Castellet dice que las mejores eran las tres finalistas: «La tercera es la de Pedrolo, muy bien construida pero inferior a otras anteriores. El mejor tema era el de la Pàmies, pero estaba mal desarrollado. La más divertida es la de la Melcon». Hortelano y Castellet cuchichean en un rincón: se llevan algo entre manos. Claro, Castellet dentro de unos días irá a Madrid, hay que preparar el terreno. Castellet ya se lo ha preparado ahora a Hortelano: cena y recepción en Bocaccio. Hortelano me pasa un parte: Jaime Salinas hace vida retirada en Madrid; Molina Foix está en la página 32 de una nueva novela; el joven Javier Marías, muy contento porque ha publicado su primera novela; el joven Guelbenzu se está desatando; Juan Benet (que además de escritor es ingeniero) está inventando una máquina para perforar túneles... Casi de madrugada, descubro que Hortelano ha desaparecido. Supongo que debe de estar parlamentando con Castellet, pero no, este escucha a Trías, que le cuenta que ha empezado un libro que tendrá dos mil páginas. ¿Dónde se habrá metido Hortelano? Es fácil suponer que andará por las Ramblas, buscando El Vigía.*

29 de mayo de 1971

12

TERENCI MOIX
el mitómano deshabitado

Terenci Moix está preparando un nuevo libro: Hollywood Story, *que aparecerá dentro de un par de meses en Editorial Lumen. El libro recoge (corregidos y aumentados) una serie de artículos aparecidos en* Fotogramas *dentro de la serie «Solo para amantes de mitos». Por lo que he oído, se trata de una historia del cine (hollywoodiense) a través de sus mitos. Ver a Terenci resulta fácil (sobre todo para mí, que lo veo en casa de vez en cuando); pero hablar con él durante dos o tres horas, ya es otro cantar.* «Un momento, que llamo por teléfono. Espera, que termino un artículo, un momento, precisamente estaba pensando ahora en el final de un capítulo...». *O, de no haber trabajo de por medio, el Terenci tiene mil cosas que contar, mil cosas que decir:* «He tenido un sueño en que... ¿Has ido a ver la película...? Hoy iba por la calle y he tropezado..., y entonces..., no adivinarías quién...». *Total: no deja hablar. Cuando uno pronuncia una palabra, al Terenci, por asociación, se le ocurren mil temas, mil anécdotas. Diríase que en su enorme cabeza no bullen los pensamientos pertenecientes a una sola persona, sino a varias, y todas distintas. Por eso, porque resulta tan difícil atraparle y sentarle durante unas cuantas horas seguidas, hoy me decido a seguirle durante todo el día, pase lo que pase. Quedamos citados a las diez y media en las oficinas de la revista* Fotogramas, *que le presta su archivo fotográfico para que elija las fotos de las* stars *que configuran el* libro sobre «mitos». *Pero a las diez y media Terenci no aparece, y a las once tampoco, y no llega hasta las doce, con cara de sueño, y sin peinar. Esther Tusquets, directora de Lumen, está presente en la elección de fotografías, también el grafista que se encarga de la edición del libro. Elisenda Nadal, directora de* Fotogramas, *ha ofrecido, gentilmente, el archivo fotográfico al Terenci, sin encomendarse a todos los santos, y se comprenderá enseguida por qué lo digo: he entrado en un despacho, limpio, con una mesa y un par de sillones desocupados. Al cabo de media hora, todas las fotos del archivo de la revista andan por los suelos, por encima de la mesa, por encima de los sillones. Se trata de elegir un par de fotos por star. Elisenda Nadal se enfada: «Pero ¿por qué sacas cien fotos de una carpeta para elegir solo una? Elígela sin sacarla de la carpeta. ¡Luego no habrá quien se entienda!». Esther Tusquets también se lamenta: «Oye, me has dicho que en una hora terminarías y veo que hay para un par de semanas». Pero Terenci sigue revolviendo todo el archivo y hasta que no ha conseguido tener más de quinientas fotos en perfecto desorden no se decide a elegir:* «Ai, què vols que et digui? Yo las pondría todas. Cuando ves estos tesoros encerrados en archivos y que no llegan al público..., es como los cuadros de Picasso en los museos. Bueno, mal comparado, claro». *Empieza la elección.* «Ah, mira, la Marlene, pero aquí no me gusta: no luce boas. ¡La Bette Davis! Ah, pero esta no puede ir en el libro, es de cuando aún no hacía de mala. Esta, esta, aquí hace de mujer de empresa. Mira, la MacDonald, pero lástima, la foto está cortada y no se ve que va disfrazada de holandesa; aquí, aquí, que está muy señora. Oh, la Greer Garson con un niño en brazos, pondremos esta, que se vea que es buena madre, o esta otra en donde hace de madame Curie. Aquí está Lauren Bacall, una de las mujeres más guapas del cine, ella sí que está bien y no el marido, Bogart; al menos ella no tiene aspecto de oler a tabaco. De la Rita Hayworth nos quedamos esta, que está haciendo de Salomé y la bendice Juan, el Bautista. Yo a la Rita le daría todas las páginas del libro, si la pudiéramos sacar bailando una jota, antes de ir a Hollywood...». *Esther Tusquets se queja de que el Terenci, en lugar de estar trabajando se está divirtiendo, y Elisenda Nadal no puede más: «Me voy, no quiero ver el desbarajuste que vas a armar». De entre los cientos de fotos que cubren suelos y mesas, descubro unas cuartillas en donde el Terenci ha escrito el plan del libro, un prólogo y algunos artículos.*

EL CINE DE LOS SÁBADOS

Es el título de un poema de un novísimo, Martínez Sarrión, que Terenci ha elegido como cita para el libro. Los últimos versos son: «Ivonne de Carlo bailaba en Scheherezade / no sé si danza musulmana o tango / amor de mis quince años Marilyn / ríos de la memoria tan amargos / luego la cena desabrida y fría / y los ojos ardiendo como faros». Una ha seguido de cerca las manías, aficiones o trayectoria de Terenci: primero (hace años), el cine, después el cómic, luego empezó a viajar por Inglaterra y Francia y le entró el «vanguardismo» (aunque nunca fue muy fuerte), después pasó a Italia, descubrió el Renacimiento y le dio por la Cultura (con mayúscula), viajó a Egipto y le dio por el misticismo..., y ahora vuelve con el cine, con los mitos de los años cincuenta. «Mira, nena, no es un libro propiamente *camp*, no vuelvo a los "mitos" de los cincuenta, y no vuelvo porque no me he movido de allí. Es el cine que he mamado. En *Món mascle*, el protagonista habla con un guardián, y el chico le contesta: "Pélame una uva". Bien, es una frase de Mae West. Quiero decirte con esto que todos mis personajes utilizan citas semejantes. Para mí, toda esta mitología presenta dos niveles: uno, que hemos mamado esta cultura, o subcultura, en lugar de la otra; conocimos la Edad Media, no a través de la *Divina Comedia,* sino a través de Errol Flynn; el otro nivel: esas citas, esos fenómenos del cine o del cómic, esos personajes-mitos pertenecientes a la llamada cultura de masas, es lo que marca el paso del tiempo. Qué quieres que te diga, es mi magdalena proustiana particular». *Leo el prólogo. Terenci intenta hacer un estudio de la política comercial de las productoras hollywoodienses y de la sociedad americana de los cincuenta, pero, al mismo tiempo, inicia una «recherche» de su infancia, de su calle, de su adolescencia. Porque, dice, sobre este material peliculero que significa la banalización de la cultura de nuestro tiempo, de la crisis espiritual de Occidente, además de trabajar con una actitud crítica, no puede menos de hacerlo con su oficio de narrador. Es un novelero.*

UN PAÍS INEXISTENTE

Después de cuatro horas de selección de fotos y del chismorreo de Terenci, vamos a comer, agotados. «M'has atabalat», dice la editora. Yo estoy medio mareada, porque

Terenci, además de contarnos la vida de las veinticinco estrellas que salen en su libro, ha hablado de la emoción que sintió la primera vez que visitó Venecia, de cómo se creyó reencarnación de Smenkaré, en Egipto; que tenemos que ir a su casa a cenar y nos hará espaguetis, de que no quiere morir sin antes haber escrito una obra que abarque veinte tomos, como Pla. «(La revolución que yo pueda hacer solo la concibo así: o salir a la calle con metralletas —cosa que me sería muy difícil—, o escribiendo)», *que está muy enamorado, que relee a Thomas Mann (caray, qué tío...), y a los clásicos, que se vuelve a Roma, dentro de poco tiempo, para instalarse de nuevo allí, que Alberti le dijo..., que la obra de teatro que vi la otra noche..., total: veinticinco frases por minuto durante cuatro horas y referidas a veinticinco temas diferentes. Al final, ya en el restaurante, Terenci parece que se ha agotado ligeramente y se inicia la conversación. Hace un par —o tres— de meses que veo a Terenci muy poco.* «Solo salgo para ir al teatro, ver a mi editora *(le sonríe, porque agasajar sabe)*, y a gente relacionada con mi trabajo. El resto del tiempo lo paso en casa, escribiendo, o leyendo a los clásicos. Me he hartado de andar por ahí, lo único que me interesa es trabajar y estar en paz con mi espíritu; ahora me interesan las cosas duraderas, absolutas, no las provisionales y del momento». *Un buen momento para hallar a Dios.* «No es por aquí, nena. Quiero decir que me he dado cuenta de que esta ciudad es una de las dos más incultas del mundo. Creemos que estamos en Europa porque hay muchos *night clubs*. Pero en cuanto a actividades culturales, cero. Solo hay dos: el Liceo, para que luzca una élite burguesa, o cócteles literarios para lucimiento de la Gauche Divine. Un desastre. Lo único que justifica la cultura burguesa es que la burguesía tenga un papel cultural activo. Aquí, nada». *La editora comenta los últimos escritos de Terenci, le reprocha (o así lo entiendo) que se ha «culturizado» demasiado y lo que escribe es más frío.* «Porque soy más riguroso». *Pero, sigue la editora, hay el peligro de convertirse en un moralista, y perder aquella vena humana que posee el Terenci cuando habla del seu carrer y, como Juliette Greco, de sus amores extinguidos.* «Es que me he dado cuenta, y lo verás en la trilogía que preparo, que pertenezco a un país que no existe como tal; es lo que me causa más dolor en el mundo, esto y las contradicciones sociales y existenciales que supone». *Ustedes perdonarán que relate una pequeña refriega entre hermanos, pero, en primer lugar, a uno le puede doler el mundo en que vive, pero un país que no existe..., y en segundo lugar, por mucho que haya cambiado Terenci, desde que se ha retirado en busca de la paz espiritual, eso de que los problemas de su país le duelan más que sus problemas personales... ¿Se destapará como un Larra catalán?* «Sí, soy un romántico y me gustan las causas perdidas. El amor, por ejemplo, es muy importante para mí, ahora estoy enamorado y soy feliz, pero estas cosas pueden pasar y después de una persona venir otra, en cambio, el tema que tratábamos es vital, trágico, porque te hallas frente a la historia, a los pueblos, su auténtica dimensión histórica». *Se pone grave, trágico, ¿intenta que le creamos o va en serio? Hace años que le conozco, nunca sé si hay que creerlo o no, pero siempre me convence, y me conmueve. Que no haga como Larra.* «¿Yo? Con lo que me gusta vivir. Vivir, escribir, hablar con la gente que me gusta, salir a la calle... Ahora me hace una ilusión loca salir y comprarme en el quiosco de enfrente todas las revistas y fascículos que hayan salido hoy».

CARRERA DE COJOS

Después de comer, Terenci debe continuar con la selección de fotos, y escribir un artículo. No me expongo a otra sesión enloquecedora y lo dejo. Antes de cenar me paso por su casa. Subo siete pisos sin ascensor, llego sedienta, entro en la cocina: no hay ni un vaso limpio y todos los platos sucios. Una habitación con cojines por el suelo, un tocadiscos, discos esparcidos por el suelo. El cuarto de trabajo: la mesa llena de carpetas, papeles, cartas abiertas, libros por el suelo. El primer libro de Terenci se titulaba El desorden.

Pero algún orden interior guardará Terenci cuando en tres años ha tenido tiempo de escribir once libros, y un saco de artículos. «Ahora he empezado la trilogía *Una historia catalana.* El primer libro es *La increada consciència de la raça* (que ya está escrita), después, *El sexe dels àngels,* y *Eufemisme de país.* El primero es un libro muy desesperado, el más triste de cuantos he escrito. La tristeza de *El día que va morir Marilyn* es la tristeza del hombre ante hechos irremediables: la muerte, el paso del tiempo, el amor... En *La increada consciència de la raça* la tristeza es otra: responde al dolor del hombre ante la historia. El protagonista es un chico educado en Italia, de padre de la alta burguesía catalana, que después de enfrentarse con la decadencia de Occidente llega a Cataluña para buscar sus raíces. Hay una fiesta en un pueblo de la costa, cuyo ambiente está compuesto por miembros de lo que pudiera ser la Gauche Divine. Hay saltos en el tiempo... En fin, es muy largo. Narcís, uno de los protagonistas (un revolucionario decepcionado, un tipo perteneciente a la generación intermedia) le dice que ha venido a buscar su propia victoria en un pobre país vencido desde siempre. Bueno, hay, en la novela, varios niveles, uno muy importante es algo referente a una frase de Castellet en conversación: "El problema real del país es que todos nos hemos autohecho y en el momento de participar en una polémica actuamos según el nivel que cada cual hemos alcanzado por separado". Claro, toda polémica aquí es como una carrera de cojos. Un personaje, borracho, le dice al protagonista: ¿qué otra solución le queda al país, y a nosotros, pobres, sino continuar haciéndonos a nosotros mismos y tornar cada experiencia como una limosna que nos da la historia?». *Le pregunto por* El sexe dels àngels, *tan anunciada, que parece que saldrá en octubre en dos tomos de seiscientas páginas cada uno.* «Es divina. Un periodista inglés hace una encuesta sobre un escritor joven, catalán, que se ha suicidado después de haber conseguido un triunfo profesional poco común en el país. Una mezcla de *Eva al desnudo* y *Guerra y paz* (esto último en cuanto se refiere a la ambición literaria que he puesto en el libro). Es la crítica de un país, pobre país tan acabado que todos se pueden aprovechar de él. Y al mismo tiempo, sus miembros, quizás por mecanismos de autodefensa, pueden aprovecharse todos unos de otros. Hago una crítica de toda la cultura catalana: desde la Gauche Divine a *les patums i patumetes*[18]». *Por lo visto, Terenci critica a la Gauche en*

---

18. *Patums i patumetes*: el *patum* es una figura que representa un animal fabuloso que recorre algunas procesiones y fiestas populares catalanas, especialmente la del Corpus. Es muy conocida La Patum de Berga, una fiesta con más de seiscientos años de historia en donde, durante varios días, las calles se llenan de música, pasacalles, comparsas, gigantes, cabezudos, *cavallets*, fuegos y bailes.

ambos libros. «Bueno, la crítica a la Gauche es casual, ten en cuenta que hablo sobre la década de los sesenta, los personajes abandonan la ciudad y vuelven al final de la década y se encuentran con este caos. Para mí un grupo existe cuando hay una identidad en los miembros que lo forman. No es el caso de la Gauche. No me interesan los grupos, sino las personas. Como dice Elsa Morante, un escritor que quiera ser independiente no debe frecuentar sociedades literarias. Eso es cargante, porque, para un escritor, si el contacto con otros escritores no le enriquece... Mira, yo he recorrido todas las personalidades de la intelectualidad barcelonesa y ahora me encuentro muy solo, me enriquezco a base de mis propias búsquedas, de mis descubrimientos hechos en soledad. Recuerda aquellos versos de Dante, cuando se encuentra con Virgilio: "Tú eres mi maestro, mi autor, solo tú eres aquel de quien yo he sacado el bello estilo que me ha hecho tanto honor". Esto es sublime, ver que existe un itinerario artístico que persiste y que alguien influye a alguien. Ahora, aquí, no he encontrado a nadie que pueda acompañarme en esa aventura artística que he emprendido. La soledad es inmensa».

«À LA RECHERCHE DU TERENCI PERDU»

Ha anunciado su autobiografía. Como se ve, sus planes no tienen fin. Se le ataca por trepador, por cultureta, por irrespetuoso, por oportunista; se le defiende por valiente, por buen escritor, por trabajador infatigable. ¿Qué voy a decir? Una es hermana y tiene sus afectos, y sus discrepancias. Pero hay algo que admiro en él: es un monstruo de vitalidad. En el interior *de esa enorme cabezota, habrá una fuente de donde mana, sin cesar, toda clase de vitaminas. ¿Vive en un caos mental? ¿O en una clarividencia hecha a la medida?* Envidio su entusiasmo que va desde el Pulgarcito a las ruinas romanas, pasando por Supermán. «À la recherche du Terenci perdu»: fácil adivinarlo. Eso sí será Eva al desnudo; Terenci se sacará la careta (pero ¿cuál, si tiene tantas?). Saldrá a la calle Joaquín Costa, todas las dinastías egipcias, la historia de Venecia desde el esplendor de los Labbi hasta el próximo hundimiento, a lo mejor Cleopatra se casa con Napoleón en las Ramblas durante una ceremonia oficiada por los hermanos Marx, y Marco Antonio, desde Carnaby Street, manda una postal de condolencia a lord Byron, que llora en Suiza por la muerte de Greta Garbo. Huyo de su casa, antes de que me proponga pasarme diapositivas de los pedruscos egipcios, o me lea cien páginas de Manzoni en italiano, o el diario de Rodolfo Valentino. Antes, intento meterle el gusanillo en el cuerpo: ¿no le tienta el vanguardismo, abrir nuevos caminos a la literatura en lugar de empeñarse en ser el Balzac catalán pasado por Hollywood y las enciclopedias sobre arte renacentista?*

«Quizá sea cierto que en el mundo actual las modas no duren más que cuatro años, y todo cambie vertiginosamente. No sé qué es cibernética, ni entiendo el estructuralismo. Las modas me dan miedo, y temo que me influyan. No, no me baso en modelos clásicos ni decimonónicos, los utilizo, simplemente. Por otra parte, el arte es como hacer el amor: si se hace bien siempre es de vanguardia. Fíjate en esa pintura egipcia y dime...». *No digo nada, ¡huyo!*

5 de junio de 1971

13

NURIA ESPERT

alegría de vivir

UNA DIVA ACCESIBLE
Y MADRUGADORA

El pasado lunes, por la noche, se rindió homenaje a Nuria Espert por los triunfos cosechados en varias capitales europeas. Merecido homenaje de los representantes de diversos estamentos artísticos de una ciudad (Barcelona) perteneciente a un país que muy pocas veces consigue exportar mentes científicas, creadoras o interpretativas, y que sus nombres suenen más allá de sus fronteras (quien dice fronteras, en terreno artístico, se refiere a núcleos de Barcelona, Madrid y otros centros descarriados). Florencia, París, Viena, Lyon, Teherán y, ahora, Inglaterra: un éxito de la compañía de Nuria Espert a escala internacional. Los periódicos ya señalaron, en su día, el éxito de Las criadas *en París y recogieron comentarios de la crítica francesa. Ahora, han recogido los de la crítica londinense. Nuria Espert, de regreso de Londres, anuncia el próximo estreno de* Yerma, *de Lorca, dirigida por Víctor García. En el homenaje, como era de suponer, mucha gente: actores, fotógrafos, escritores, cantantes, amigos, gente de teatro, periodistas, admiradores que entran, miran a la Espert..., alguno, más atrevido, la saluda, la felicita y se va. Nuria, con un traje largo, floreado en tonos rojos y granates, devuelve saludos, devuelve sonrisas, agradece felicitaciones. Cuando se la requiere para hablarle, Nuria Espert accede, sonriente, se echa la negra melena hacia atrás con gesto de saludar al público. Dice: «Perdona*

147

un momentet». Se disculpa con quien estaba hablando, y «Vine, vine», se sienta con el aspirante a interlocutor en un sofá, un poco aparte. No ha abandonado la sonrisa, la negra melena vuelve a deslizarse hacia el rostro, y surge la voz, la voz grave y pastosa de Nuria Espert. Una, años ha, cuando lograba burlar la vigilancia del acomodador y entrar en el teatro (eran espectáculos no aptos y una era menor) iba con Terenci a ver Medea, El deseo bajo los olmos, Gigi, El comprador de horas... *y, tras la función, Terenci (con gran vergüenza de una) se empeñaba en entrar al camerino de los actores para pedir una foto dedicada. La Espert siempre nos complació. Salíamos de allí diciendo: «Qué guapa, y qué simpática». Pero ahora, no las tengo todas conmigo: un actor puede mostrarse simpático con el público, pero con los entrevistadores, ya es otra cosa. Además, la Espert, que está preparando un nuevo estreno, quizá no disponga de tiempo, ni de ganas, para las «veinticuatro horas».* «Sí, sí, encantada. Cuando quieras. Bueno, espera, ahora que caigo, pasado mañana llega Víctor García y estaré ocupada. Mañana, mañana me va bien. ¿Por la mañana? De acuerdo, a las once». ¡Ah! *Son las tres y media de la madrugada: ¿quién se despertará mañana temprano?*

PERRO LADRADOR, NADA MORDEDOR

Llego a casa de Nuria con retraso y con la esperanza de que ella se haya dormido, tener que esperar un rato y, así, quedar bien: nada. Es Nuria Espert quien me abre la

*puerta, sonriente, vestida, aseada, y de buen talante. Ni oje-
ras ni rastro de cansancio en su imponente buen aspecto.
Un enorme perro, un lobo de hermoso pelo blanco, ladra
y ladra y ladra.* «Trotsky, calla que et pegaré! Es l'Anna
María!». *Pero al perrazo, naturalmente, esa presentación
no le impresiona y sigue ladrando. Nuria Espert vive en
Muntaner-Travesera, y el piso tiene la disposición típica:
pasillos largos con puertas que se abren a las distintas de-
pendencias, y al final, una espaciosa sala con balcones a
la calle de Muntaner. La sala, una sala biblioteca llena de
libros: novela, teatro, ensayo, poesía (creo, a primera vista,
distinguir más novela: traducciones sudamericanas, las que
aparecen en las estanterías de los que empezaron a hacerse
una biblioteca en los años cincuenta y sesenta (qué remedio). Paredes blancas de donde cuelgan algunas pinturas
abstractas. Una mesa llena de papeles y libros. Un cómodo
sofá, un par de sillones..., y ya se ha colado Trotsky para
continuar ladrando. Entre Nuria y Colita, se inicia la conversación sobre perros.* «Calla Trotsky, no siguis dolent!».
Luego Nuria lo disculpa: «Es que solo tiene ocho meses».
*Pues cuando cumpla dos años, podrá pasearse a lomos del
animal por la Diagonal.* «L'estimo més... Antes de tenerlo,
los animales no me gustaban; bueno, sí me gustaban, pero
no para tenerlos en casa. Me parecían algo así como un
jarrón, un objeto... En cambio, ahora le he cogido un cariño...». *Nuria me presenta a Armando Moreno, su marido,
que tiene pinta de cónsul británico radicado en el norte de
África, con ascendencia moruna por parte materna. También a una de sus hijas (catorce años): retrato bastante fiel de
la madre, y quien, muy amable, nos sirve una copa. Trotsky
sigue ladrando: a Colita, que intenta fotografiar a Nuria, a*

mí, que intento hablar con Nuria, a Nuria, que intenta de-
jarse fotografiar y hablar, a Armando Moreno, que intenta
ponerse serio (se le escapa la risa ante el estallido del perro)
para imponer silencio y respeto, y a la niña, que intenta ser-
vir las copas. Total, que no se puede hablar, hacer fotos, ni
beber. Cinco personas suplican: «¡Trotsky», calla, calla!». Al
final, el perro, se sube al sofá, junto a Nuria. La fotógrafa
se acerca con la cámara. El perro ladra, pero la fotógrafa es
intrépida y no se mueve. Trotsky husmea la cámara y se que-
da como hipnotizado. Se deja sacar fotos. Primero se sume
en un inesperado silencio y, una vez fotografiado, sale de la
estancia. «¡Ah, el pillo! Quería que lo fotografiasen. ¿Voy
bien maquillada para las fotos? —*pregunta Nuria*—. Es que
no sé maquillarme. Como nunca lo hago». *No le hace nin-*
guna falta. Me pregunto cómo puede tener tan buen aspecto
y tan excelente humor, habiéndose acostado tan tarde. Qué
vitalidad. «Siempre me levanto hacia las diez. No me gusta
salir de noche. Como ves, no tenemos servicio y paso las
mañanas en casa. No me gusta ver a nadie por la mañana, ni
que llamen por teléfono. Hay trabajo. Tengo dos hijas. Una
de catorce años y la otra de trece, mediopensionistas. Como
casi siempre en casa, y por la tarde trabajo: estudio, leo,
escucho música (moderna). A última hora vienen amigos».

REGRESO AL TEATRO GRIEGO

Suena el teléfono. Nuria habla, al colgar, exclama: «¡Qué
alegría! Víctor García llega mañana y con muchas ganas
de trabajar». *Nuria vuelve al Griego, donde tantos éxitos*

obtuviera (recuerdo, ahora, Medea, María Rosa, El luto le sienta bien a Electra...*). Noches de verano barcelonés, llegadas apresuradas porque hay el tiempo justo para subir la escalinata, comprar la almohadilla, esperar un buen rato hasta que el acomodador da con esa difícil localidad; paseos por entre rosales durante el entreacto, un refresco al aire libre...* «Estoy muy ilusionada con el estreno de *Yerma». Recuerdo (tendría yo unos doce años) la intervención de Nuria en un programa radiofónico llamado* Fantasía, *que se radiaba todos los sábados. Un día se presentó a una «joven actriz», vestida de rojo, que recitó un poema de Lorca:* La luna y los gitanos. *Era Nuria Espert.* «Sí, a los diecisiete o dieciocho años leía mucho a Lorca, era uno de mis autores predilectos. Ahora quiero hacer *Yerma.* Tengo muchos problemas con la obra, estudio el papel durante horas y horas, y me encuentro con algo que nadie ha pensado: *Yerma* está considerada como un drama, y yo creo que es una tragedia. Hay que darle una dimensión trágica». *Bajamos a comer a un restaurante cercano a la casa de Nuria, que viste un traje blanco, de esos sin ceñir y con mangas anchas y largas, de esos que algunas señoras dicen «Ay, mare, parecen camisones de dormir». Armando Moreno tiene trabajo y se queda en casa con su hija. Nuria se despide afectuosamente como si fuéramos a tardar días en volver. Se ha hablado mucho de la voz de la Espert en escena: potente, gruesa, trágica, llena de extrañas modulaciones. Sí, pero en su casa, y hablando en voz baja, las misteriosas modulaciones siguen existiendo. También las manos me llaman la atención: manos delgadas, pero grandes, cuyos movimientos son tan sugerentes como los cambios del tono de voz: diríase que se corresponden.*

MIRANDO HACIA ATRÁS SIN IRA

Además de la petición de autógrafos y del recital de Lorca en la radio, recuerdo la intervención de Nuria en un serial radiofónico: una novela de Losada, titulada La mentira, *en la que ella era una millonaria norteamericana, alcohólica, y con «secreto»: la madre era negra y ella, casada con Juan Manuel Soriano, teme que el niño le nazca negro (por eso bebía). La novela duró meses y meses y Nuria, al final, se volvía buena y dejaba el alcohol.* «Quina memòria! Recuerdo que la hice, sí, era una temporada que andaba muy mal de dinero, pero no recuerdo nada del argumento». *Se lo cuento.* «Ah, sí, eso sí lo recuerdo: cantaba una canción, vestida de terciopelo rojo y tendida en un piano de cola con un vaso de *whisky* en la mano». *(Nuria se ríe).* «Hace mil años...». *Pero Nuria empezó a trabajar mucho antes de donde alcanzan mis recuerdos.* «Todo lo he hecho pronto, pero en su momento. Empecé a los once años, en el Romea, en una obra infantil, *Lali,* en donde hacía de gato. Después hice de princesa y estuve allí tres o cuatro años (jueves y domingos). Más tarde pasé a la compañía de los mayores, los profesionales. Esteban Polls creyó mucho en mí, me tomó un gran afecto, fue más un maestro que un director. Hicimos una temporada en el Orfeó Gracienc[19]: una obra distinta cada semana, suerte tuve de esa memoria de elefante que tengo. Antonio de Cabo y Rafael Richard

---

19. Orfeó Gracienc: entidad fundada inicialmente como sociedad coral en 1904, en el barrio de Gràcia de Barcelona. Posteriormente se creó una fundación que lleva su nombre y que amplió las actividades culturales de la institución a otros ámbitos, como la danza o el teatro.

vinieron a buscarme para actuar en Festivales de España. Yo iba como una más». *Y sucedió como en las películas, en las novelas y, a veces, en la realidad.* «Elvira Noriega enfermó y tuve que sustituirla en los primeros papeles. Hice *Medea* a los dieciocho años, fue muy importante en mi carrera, de no haberla hecho, quizá mi vida hubiera cambiado. A los diecinueve me casé, a los veintiuno tenía dos hijas, a los veintidós formamos compañía. Hemos cometido errores y aciertos. Ahora hemos alcanzado este éxito de *Las criadas*, que parece el principio de una etapa que no sé qué es. Tengo la sensación de que es una etapa trascendente que responde a un deseo interior de transformación que se inició un año antes de que hiciera el Brecht con Salvat (que fue importantísimo), después hice el programa Sartre con Marsillach y luego *Las erradas*. Es un proceso que no se detiene, continúa cada vez con más fuerza. Me produce inquietud, preocupaciones, pero ese ir hacia adelante, ese ímpetu que me coloca a punto de dar el salto mortal, me gusta, y me produce alegría de vivir».

HAZ TU CAMINO AL ANDAR

De «gato» en el Romea al triunfo de Las criadas. *¿Qué es el teatro para ella? ¿Ha sido un camino al tuntún? ¿O un camino lento pero marcado por una evolución progresiva y consciente?* «Mira, no sé qué es el teatro. Para mí, es una manifestación de vida. Casarse, tener hijos… es una función de la especie, pero hacer teatro es manifestarse con más libertad, es por lo que existo. He ido tomando un camino a medida que lo hacía, me he ido transformando a lo largo de un proceso que todavía está en evolución. Antes me interesaba un teatro político. Durante un tiempo, no solamente yo, sino una minoría intelectual, ha apoyado unas manifestaciones artísticas no por su valor intrínseco sino porque eran expresión de las necesidades de esta minoría: no se les pedía más. Este periodo acabó y con él un teatro más circunstancial que profundo. ¿Cómo elegía una obra? Primero, pedía que fuera buena y que yo tuviera "molta feina", o sea, un buen papel. Después, solo que se tratara de una buena obra. Luego, que fuera buena y fastidiara. Ahora, que sirva para algo y se pueda dar profundidad al hecho teatral». *No hemos hablado de sus interpretaciones cinematográficas. Últimamente ha colaborado en un filme de Arrabal,* Viva la muerte. «Es una de las mejores películas que he visto en mi vida. Resulta sorprendente cómo un escritor ha podido hacer una película tan visceral y poco literaria. El tiempo de rodaje ha sido extraordinario: me he sentido *yo* como en ningún otro filme, quizá porque al no tener ningún conocimiento técnico del cine, Arrabal ha inventado su sistema de rodaje».

Muchos planes: Yerma, *una segunda película con Arrabal y, más tarde,* La lozana andaluza, *de Alberti.* «Sí, haré la obra de Alberti; no sé cuándo podré, pero la haré, tampoco sé dónde. Con ella, terminaré con una etapa de mi carrera. La próxima la veo en relación con un grupo de gente que encontrase un medio de subsistir económicamente sin estar tan ligados a la taquilla, y poder desprenderme del miedo que tengo a equivocarme. Una nueva etapa en que pudiera hacer un trabajo quizá menos brillante pero que sirviera a un mayor grupo de gente». *Regresamos a casa de Nuria. El perro vuelve a ladrar. Armando Moreno abandona su trabajo y charlamos un rato.* Nuria Espert, con Las criadas, *ha dado un paso importante del cual, como todo buen profesional, saca experiencia y conocimiento para dar el siguiente con más seguridad que el anterior. El éxito de* Las criadas *ha sido el mayor alcanzado hasta ahora, pero Nuria Espert ya no habla de él: ha quedado atrás, como otros anteriores. Ahora, las muchas energías y entusiasmo con que cuenta no pueden desperdiciarse en el sueño sobre los laureles: hay que emplearlos a fondo porque dentro de poco, en el Teatro Griego, se espera mucho de ella. Y ella lo sabe.*

12 de junio de 1971

14

JAIME GIL DE BIEDMA

el poeta de la necesidad

EL ÚLTIMO DE LOS CLÁSICOS

El tiempo pasa y las modas cambian. La literatura, lo mismo que el diseño de lámparas o el calzado, también está sujeta a cambios. No por razones puramente comerciales, claro está. Una generación sucede a otra, y la nueva (junto con elementos de la anterior cansados de permanecer encerrados en una piel que les ha quedado pequeña) hace borrón y cuenta nueva (a veces la cuenta nueva consiste en volver a empezar la cuenta que se ha tachado). Volver la vista hacia atrás, a veces, resulta bastante sano, se resuelven dos problemas: la higiene y el aburrimiento. Hace ya algún tiempo que la crítica está poniendo en tela de juicio los productos literarios de los años cincuenta y se ensaña a gusto con la novela y poesía llamada «social». ¿Por higiene? ¿Para poner las cosas en su sitio y plantearse nuevos caminos? ¿O porque no sabe dónde poner los ojos, y resulta más fácil quedarse mirando atrás? Lo primero resultaría provechoso, es más, necesario. Lo segundo solo produce la resurrección de cadáveres. Pero seamos optimistas y otorguemos a la crítica caracteres de calidad, objetividad y vitalidad (de los que carece en la mayor parte), y digamos que sabemos por dónde anda. Han caído muchos nombres, novelistas y poetas, corrientes y modas literarias de los años cincuenta (que en Gloria estén, aunque, bien es cierto, ningún movimiento nuevo, por el momento, los haya sustituido). Pocos nombres de aquella década (respetados bajo la sombra del Premio Nacional de Literatura, unos; del marxismo conectado en Andorra, otros) se pronuncian hoy sin mofa. Pocos, muy pocos, seguramente los buenos. Y, en poesía, en particular, los años cincuenta dieron un nombre que ha quedado no solo como el mejor poeta de su generación, sino como uno de los más importantes desde la generación del 27 hasta ahora: Jaime Gil de Biedma. En sus poéticas, los novísimos antologados por Castellet arremetían casi todos contra los poetas de la generación anterior; de la quema solo salvaban a Jaime Gil, y algunos a Barral y Ángel González. Y no solo los novísimos (cuyo juicio crítico no pongo aquí como ejemplo), sino la nueva crítica en general. Y es que Jaime Gil pudo ser un poeta «social» (palabra que tanta desconfianza nos inspira ahora, y con razón quizá), pero, ante todo, es un poeta excepcional. No en vano, creo que fue Joan de Sagarra que, en este mismo periódico, lo llamaba «el último de los clásicos».

CALVO Y SENSUAL

Jaime Gil ha publicado tres libros de poemas, Compañeros de viaje *(1959),* Moralidades *(1966) y* Poemas póstumos *(1969) y un libro de crítica literaria,* Cántico: el mundo y la poesía de Jorge Guillén. *Como nota biográfica, resultará más breve y más exacta la que el propio Jaime Gil escribiera en la solapa de uno de sus libros:* «Nací en Barcelona en 1929 y aquí he residido siempre. Pasé los tres años de la Guerra Civil en Nava de Asunción, un pueblo de la provincia de Segovia, en donde mi familia posee una casa, a la que

160

siempre acabo por volver. La alternancia entre Cataluña y Castilla, es decir, entre la ciudad y el campo —o, para ser más exacto, entre la vida burguesa y la *vie de château*—, ha sido un factor importante en la formación de mi mitología personal. Estudié Derecho en Barcelona y Salamanca: me licencié en 1951. Desde 1955 trabajo en una empresa comercial. Mi empleo me ha llevado a vivir largas temporadas en Manila, ciudad que adoro y que me resulta bastante menos exótica que Sevilla, porque la entiendo mejor. Me quedé calvo en 1962 —la pérdida me fastidia, pero no me obsesiona—, dicen que tengo una línea de cabeza muy buena. Gano bastante dinero. No ahorro. He sido de izquierda, y es muy probable que siga siéndolo, pero hace algún tiempo que no ejerzo».

Cierto que se ha quedado un poco calvo, cierto también que tiene una espléndida línea de cabeza, diríase la de un busto de un emperador romano: frente ancha, grandes cejas, ojos profundos, expresión grave, dura, tremendamente segura e irónica, boca sensual. Todo él desprende sensualidad, y al llegar a su casa y encontrarle sentado, con una copa en la mano, cerca de la terraza por donde entra el sol de mediodía, recuerdo sus palabras en una entrevista: «Yo soy muy sensual. El día que me falle la sensualidad, tomar una copa, sentir el buen tiempo, meterme en una piscina, o en el mar, ver a alguien que está muy bien físicamente... El día que todo eso me falle, la vida será un sitio inhóspito».

161

POETA DE DOMINGO CON CONCIENCIA DE LUNES

Llego a su casa, un apartamento magníficamente decorado situado entre los jardines del poeta Eduardo Marquina y la iglesia de San Gregorio Taumaturgo, al mediodía, a la hora de comer. Será una comida rápida (servida por una cocinera asistenta que, según creo entender, le sirve desde hace varios años) porque Jaime Gil trabaja mañana y tarde, ocho horas diarias, en la Cía. General de Tabacos de Filipinas. «Me levanto lo más tarde que puedo, que no puede ser muy tarde porque tengo que ir al trabajo. Me levanto despacio, me aseo despacio, desayuno despacio, miro por la ventana, observo la fábrica de contadores que hay enfrente de casa, según su sombra preveo el tiempo que hará, examino el cielo, miro si hay nubes, si hace sol. Todo muy despacio, porque si te levantas con prisa, todo el resto del día estará condicionado por la prisa, por el nerviosismo de las primeras horas. Mi trabajo consiste en ser secretario general de una compañía, como Stalin. Se me considera especialista en los asuntos de Filipinas. Contesto cartas, hago actas, digo lo que pienso si me lo preguntan (esta es la parte más divertida) y de 1968 a 1970 he pasado la mitad del año en Filipinas, donde lo paso bastante bien». *Muy divertida debe de ser la vida de Jaime Gil en Manila, según las anécdotas que, con humor y teatralidad, cuenta durante la comida.*

En Barcelona no se divierte tanto. «Mi trabajo aquí es más aburrido: te quita las ganas de leer y escribir. Recuerdo un viaje a Madrid, con un amigo. Dormí en el Monasterio de Piedra, y estábamos en el lago del Espejo. Mi amigo me preguntó: "Si escribieras ahora sobre este lago, ¿cómo lo harías?". Le dije que estaba de vacaciones y el lector debía tener en cuenta que trabajaba durante seis días y uno estaba de vacaciones. Hay una definición de Wallace Stevens que explica lo que intento decirte: "un poeta de domingo con conciencia de lunes"».

EXTRAÑA RELACIÓN

La que establece Jaime Gil entre trabajar y escribir: «Sí, hay una relación directa. Mi trabajo, a veces me aburre bastante. Pero me ha hecho más listo. Empecé a escribir mejor cuando llevaba un año trabajando. Uno, como todo el mundo, tiene su modo de ser y de reaccionar. Yo diría que lo que caracteriza el modo de reaccionar del poeta es la capacidad negativa, según Keats los poetas son la gente menos poética del mundo porque no son nadie, son la pura disponibilidad. El poeta no tiene más sensibilidad que el resto de los mortales, solo que la tiene organizada y disponible. Para mí, esta disponibilidad, ese no entregarse del todo a nada, es la esencia del ser del poeta. No tiene personalidad, no es un personaje en el sentido social del término. Cuando uno quiere ser poeta se pone en contacto con otros poetas, lee, se pone en contacto con la sociedad literaria, una sociedad de balneario, mudable, donde los poetas sí tienen una personalidad: la social. Por eso, para mí, el ganarse la vida con un trabajo que no tiene nada que ver con la literatura, ofrece la ventaja de que cada día te arroja a la cara tu disponibilidad, tu falta de entrega total. Es más sano, trabajas intensamente, pero te das cuenta de que tus acciones no te han poseído, no te has identificado con ellas». *Las cuatro y media: Jaime Gil regresa a su trabajo.*

UN HOMBRE BIEN EDUCADO

Aún cae el sol sobre el tejado de la fábrica de contadores que se divisa desde la ventana, pero son más de las ocho. Jaime Gil abre ventanas, descorre cortinas. «Es el rito de los que vivimos solos: llegar a casa y empezar a abrir ventanas, sacar hielo de la nevera...». *Un par de copas antes de cenar, en un cercano restaurante, con dos amigos. Después, regresamos a su casa, sin olvidar comprar una botella de whisky que quedará vacía cuando el sol salga de nuevo y nos encuentre todavía en el mismo sitio, hablando de los zapatos que llevaba Shirley Temple bailando claqué, de un viaje que hiciera a Grecia, de Manila, de literatura, del cuello de Greta Garbo, ¿conoces a...?, ¿qué se ha hecho de...? Baudelaire. Amigos y anécdotas de hace cinco, diez años. El paso del tiempo es temática constante en la obra de Jaime Gil, que evoca lugares y nombres con nostalgia, pero con ironía, con la desgarradora ironía que envuelven sus versos.* «Sí, es el centro de mis poemas: el paso del tiempo y yo». *Del paso del tiempo en él. Recuerdo ahora un poema, «Contra Jaime Gil de Biedma», al leerlo se me pusieron los pelos de punta, sin embargo, no había autocompasión ninguna.* «Es que soy de buena familia y estoy muy bien educado. La autocompasión es uno de los sentimientos más embarazosos para el público, y más obscenos. El tiempo está mal distribuido. Uno debería tener sesenta y cinco años por la mañana, treinta y cinco por la tarde, y veinte por la noche, para poder divertirse. A los cuarenta, los sábados por la noche son más aburridos: uno se enamora menos, aguanta peor el alcohol… Hace poco, en una fiesta en casa de Carlos Barral, Ivonne, su mujer, cantó una canción que hace años nos gustaba mucho: *Las hojas muertas.* La cantó con la prosodia de la época, y me di cuenta de cómo había pasado el tiempo. Recordé que, hace años, cuando los Barral se casaron, íbamos a Calafell. Por la mañana, al despertar, los amigos que nos hallábamos en la casa, íbamos a comprar leche y bollos, preparábamos el desayuno y entrábamos en la habitación de Carlos e Ivonne para desayunar todos encima de su cama. En aquella época, el grado de intimidad entre amigos era más pobre. Carlos era el primero de los amigos que se casaba, y su felicidad era un poco nuestra. Quisiera escribir un poema sobre este tema: la felicidad prestada».

PROVINCIANISMO ININTERRUMPIDO

¿Qué opina de los «novísimos»? «La antología está presentada como un intento de renovación, y la verdad, es una continuación lamentable. No rompe con nada anterior, la poesía de los novísimos sigue siendo tan provinciana como antes». *Está clasificado como «poeta social».* «No sé si estoy o no de acuerdo. Hay tantas definiciones de poesía social, que dentro de alguna caeré. Es como si me preguntaras si estoy de acuerdo con mi número de teléfono: quizá me gustaría tener tres treses, pero, bueno, hay que tener siete números y estar en la guía». *Está en preparación la obra completa de Jaime Gil:*

165

Colección particular. *Nunca ha sido un autor muy fecundo.* «Sí, escribo poco, solo lo hago cuando es absolutamente necesario. A veces se me ocurre un poema y luego me queda en una sola frase. Un poema viene cuando estoy andando, afeitándome, o hablando... No lo escribo. Intento olvidarme de él, que se vaya. A veces insiste, y vuelve a insistir. Si tanto insiste lo escribo para sacudírmelo de encima. Solo escribo cuando no puedo evitarlo. De este modo, se evita que el lector se pregunte por qué el poeta ha escrito el poema; el poema jamás debe suscitar tal pregunta, debe convencer al lector de que el poeta no ha podido evitar escribirlo». *Ahora prepara la edición de su diario.* «Mi diario de tuberculoso, de los veintiséis años. Abarca desde mayo de 1956 a finales del mismo año. Empieza con el regreso de Manila, la llegada a Barcelona, el reencuentro con varios compañeros. Luego, la temporada que estuve en cama, comentarios sobre gente, circunstancias. Pero, sobre todo, hablo de mi propia mitología, mi infancia y adolescencia, y mi oficio de escritor. Reflexiones sobre crítica literaria, lecturas...». *Sale el sol, el* whisky *se ha esfumado, Jaime Gil quiere comprar una casa en la costa y hacer en ella «el salón del terror», un salón con bóveda, telarañas, puertas secretas que den a pasadizos, huesos humanos por los rincones. Seguro que no iré a turbar su descanso para hacerle ninguna entrevista.*

26 de junio de 1971

Ana María Matute. Sitges, 1972 © Archivo Colita Fotografía

Max Aub. Barcelona, 1972 © Archivo Colita Fotografía

Gabriel García Márquez. Barcelona, 1969 © Archivo Colita Fotografía

Rosa Chacel. Madrid, 1975 © Archivo Colita Fotografía

15

JUAN MARSÉ
el hombre tranquilo

Juan Marsé es, sin duda, uno de los pocos buenos novelistas aparecidos en España durante la posguerra, y una de las figuras indiscutibles de la década de los sesenta. Su primera novela, Encerrados en un solo juguete, *apareció en el 60, en* Seix Barral; la segunda, Esa cara de la luna, *en el 62.* Luego, Últimas tardes con Teresa, *ganadora del Premio Biblioteca Breve, en el 65, y en el 70 se publicó su última novela:* La oscura historia de la prima Montse, *a mi juicio la mejor de sus obras, la mejor escrita, la más agresiva, y que confirma que Marsé, a pesar de haber irrumpido en el campo de la novela coincidiendo con el realismo social y el objetivismo a la española, no se agotó allí (como sucedió a muchos) sino que, por el contrario, ha continuado al pie del cañón, seguro, alerta, ajeno a estériles polémicas, superándose cada vez más hasta lograr aparecer ahora como uno de los pocos escritores del país a quien se puede tomar en serio (en el sentido de poder decir de él: sí, es un escritor).*

GUAPA, VETE. GUAPA, VETE

Marsé vive casi junto a la Sagrada Familia, en un tercer piso de un edificio nuevo, donde el calor de las cinco de la tarde es asfixiante. Sudorosa, entro en una salita comedor de paredes blancas y muebles de línea simple, algunos cuadros y fotos de dos niños (niño y niña, sus hijos). Se agradece el meticuloso orden de la estancia y el no amontonamiento de objetos: parece como si a menos cosas a la vista, menos calor. Marsé, sudoroso también, me ofrece granizado de café. Mientras me prepara el refresco, paso a su habitación de trabajo: una mesa, librería, un cómodo sillón, una escopeta de juguete colgada de la pared. Un orden meticuloso también. Dos balcones se abren a un patio: palomas, voces de niños, la voz de un locutor de radio, ropa tendida, pero, fresco nada, nada de aire fresco. Marsé regresa con el café, y mientras se queja del calor y del cansancio, me llega una extraña e intrigante voz que repite: «Guapa, vete, guapa, vete». *¿De dónde viene? No hay nadie en la casa.* «Guapa, vete, guapa, vete». *¿Oigo voces que no existen, me habré trastocado a causa del calor? ¿Será Marsé ventrílocuo y me echa nada más llegar?* «Uf, ya está el loro dando la lata». *Ah, hay un loro, y su voz sube por el patio.* «Se pasa tardes enteras diciendo guapa, guapa, y no sé si es una mujer o algún niño quien lo imita contestándole también guapa, guapa; hay momentos en que ya no sé si quien habla es el loro, la señora o el niño». *Sinatra en el tocadiscos y empezamos a charlar.* «Por las mañanas trabajo en una oficina. Soy redactor jefe de la revista *Bocaccio*. Es un trabajo de ejecutivo. Me dicen: queremos tal cosa, que alguien escriba sobre tal tema, y yo busco quien lo haga. Es un trabajo que en otro país podría ser bonito y divertido, pero aquí hay muchas limitaciones». *Trabajando en una oficina, ¿cuándo escribe?* «Me levanto a las ocho, salgo para trabajar, regreso a las tres, como algo, poco, porque desayuno mucho, y escribo hasta las ocho u ocho y media. Esto en verano, cuyo horario me fastidia un poco, porque estaba acostumbrado al de invierno, o sea, levantarme antes de las ocho, ponerme a escribir hasta las tres, y luego ir a la oficina. Prefiero escribir por la mañana y trabajar por la tarde, por la mañana uno está más despejado y con más energías». *¿No puede vivir de la literatura?* «Qué va. Siempre he necesitado trabajar en otra cosa. De todos modos, siempre me ha ido muy bien trabajar media jornada fuera de casa, fuera de la *cuina* del escritor, y tener contacto con el *carrer*. He trabajado en publicidad, hice traducciones, trabajé en una librería, luego estuve en París. A veces he trabajado en cosas que no tienen nada que ver con la literatura, lo cual no me importa, al contrario, era una especie de relax». *¿Colaboraciones periodísticas?* «No, no hago ninguna, me resulta imposible. No tengo facilidad para escribir a nivel de colaboración periodística, me cuesta demasiado esfuerzo. Ahora bien, no sé si es por incapacidad mía o porque el país no ofrece posibilidades para desarrollar esta actividad de modo que ofrezca compensaciones de tipo creativo y económico».

EL PIJOAPARTE

Es el protagonista de Últimas tardes con Teresa, *el charnego que irrumpe en el seno de la burguesía catalana, y que sirve a Marsé para describir un sector de la sociedad de esta Barcelona que tan bien ha retratado. Hablemos de sus novelas.* «No tengo ninguna teoría sobre la novela y me interesa muy poco. Dicen que soy un novelista intuitivo, pero esto no significa nada. No trabajo a partir de ideas, sino a partir de imágenes. Se trata de ordenar una serie de imágenes y crear una historia. Prefiero trabajar sobre experiencias personales, y no me entusiasman los experimentos formalistas. Lo único que procuro es tener una buena historia que contar y luego, claro, contarla bien. Cada vez que empiezo una novela me encuentro dándome de cabezazos con la misma pared, y dando vueltas a los mismos problemas y me doy cuenta de que no he aprendido nada. Creo que está bien que sea así, porque te obliga a plantearte cada vez problemas que no pueden tener solución definitiva. En mis novelas no me muevo del barrio del Guinardó, del Carmelo... Me muevo por experiencias personales (esto no significa que mis novelas sean autobiográficas), es una cuestión de comodidad: si cuentas con imágenes, lugares y tipos que ya conoces, ¿por qué trasladarte de lugar, de tipos...? Además, siempre me ha interesado contar con elementos locales que no forzosamente existen a nivel de barrio, sino a nivel de ciudad o de país. Lo que me interesaría es encontrar una fórmula a través de los símbolos de esta sociedad catalana en la que vivimos: uno de ellos es el charnego, entendido como elemento inquietante y moviéndose dentro del mundo de la burguesía. El Pijoaparte tiene muchas posibilidades, es un personaje cuña: si existiera la novela por entregas sería ideal porque le veríamos en distintas situaciones. Creo que la novela debería ser esto. El Pijoaparte es un personaje del siglo XIX y la sociedad tampoco ha evolucionado tanto como para que no sea posible ese tipo de novela, vivimos en un capitalismo "tronado". Te dicen: "Puedes triunfar, tener dinero...", pero no te dan los medios, te pasan un caramelo por las narices, pero no te lo zampas. Por eso el Pijoaparte se da siempre de narices, le tienden trampas. La diferencia con el siglo XIX es que ahora hay más trampas.

172

Julien Sorel, por ejemplo, tenía la solución de hacerse militar o cardenal, al Pijoaparte o a Pepito García, les dicen a todas horas, por radio, por T.V., "puedes tener lo que quieras", pero la verdad es que no pueden moverse de su sitio».

TÓCALA

Hablemos de la novela, de los novelistas españoles. «Tengo una gran fe en Juan García Hortelano, y muchas ganas de leer su última novela, creo que ha dado un gran salto. Ya me gustaban sus primeros libros; de los que continuaron la línea de Ferlosio, es quien lo hizo mejor. Hay en él un gran novelista, lo conozco bien y sé que no me equivoco». *En estas mismas páginas, Hortelano contaba que durante una temporada trabajó como guionista cinematográfico en colaboración, precisamente, con Juan Marsé. Ahora Marsé me dice que no le gusta el cine.* «Voy pocas veces, y me duermo. Dejó de gustarme cuando se puso en plan serio e intentó explicar el mundo, para eso ya leo novelas o poesía. Me gustaba cuando creaba mitos. Mira, en eso del cine me pasa como con el baile, me quedé con Fu Manchú y con el bayón. Sí, trabajaba con Hortelano. Nos contaban una historia que casi siempre era la misma y teníamos que hacer los diálogos. El tema era: chica buena e inteligente se enamora de tipo interesantote, arquitecto en crisis, alcohólico, y ella lo regenera. El director estaba muy influido por películas como *Esplendor en la hierba*, *Picnic* y esas cosas, y recuerdo que le gustaba tanto *Casablanca*, sobre todo la escena en que Humphrey Bogart le dice al pianista negro que toque una canción ("Tócala, Sam"), que en todos los guiones que nos encargaba, necesariamente, en un momento dado el protagonista alcohólico tenía que decir a un pianista: "Tócala". Nos pagaban bien, nos divertíamos, teníamos un apartamento en San Gervasio, pero lo dejamos».

EL VAMPIRO DE LA SAGRADA FAMILIA

Es el título de una novela corta (unas cien páginas) que Marsé quiere escribir. «Parto, como siempre, de una imagen. Un día andaba por la plaza y las palomas emprendieron el vuelo, al desplazarme vi un hombre sentado en un banco: era el Vampiro, un hombre del barrio que tiene un ático en la plaza de la Sagrada Familia y es el guía de los turistas que van a visitar el templo. Tiene un archivo en su casa y es el tipo que más sabe sobre Gaudí y su obra. Se adhiere a la protesta para que no se continúe la obra de Gaudí y lo matan. Bueno, hay historias cargándose a los turistas. Quisiera hacer un chiste largo sobre el mito de la Sagrada Familia, los amigos de Gaudí, y esas cosas». *Solo es un proyecto. De momento, Marsé está trabajando en su quinta novela.* «Aún no tiene título. He escrito ya una primera versión. En principio, es un paseo por la infancia, mi infancia de la posguerra, radicada en el barrio del que no me salgo: el Guinardó, el Carmelo. Parto de imágenes de la infancia que quiero recrear y ordenar de modo que me proporcionen una historia. Es lo más sensato que puedo decir respecto a mi novela, porque lo demás, que hay otros niveles simbólicos, destrucción de valores y... ¡Bah! Llevo año y medio trabajando en ella y aún me ocupará otro año. Soy lento escribiendo. Y seguro. Para escribir tengo que calentarme la sangre. La capacidad erótica está muy relacionada con la actividad artística. Si una historia, imagen o situación no me pone... "en trance", por decirlo de algún modo, me aburre».

Ha oscurecido, ha callado el loro, las voces de los niños y la de las vecinas en el patio de la casa, se ha acabado el granizado y ya no quedan más discos de Sinatra. Es hora de cenar. Marsé está citado con unos amigos. Buscamos taxi en la plaza de la Sagrada Familia y allí, sentadito, en un banco, un hombre toma el fresco mirando el templo: el Vampiro, velando por la obra de Gaudí.

31 de julio de 1971

16

SALVADOR DALÍ
el arte soñado

PINTOR QUE *PINTA*

Salvador Dalí, «el divino Dalí», como él mismo se ha dado en llamar es, de todos los pintores, aquel al que más gusta «pintar» y el que más «pinta», al menos «ha pintado» en todo el mundo. Digo «pintar» en el sentido de figurar. Lo de pintar, en el sentido de darle a los pinceles, y darle bien, es otro cantar, y en el caso de Dalí, es cosa de otros tiempos.

¿Genio? ¿Payaso chocho? ¿Loco? ¿Hombre inteligente que se hace el loco? ¿Cree de verdad en las tonterías que dice y en tal caso no pasa de ser un tonto brillante, con cierta gracia para quien se la quiera encontrar? ¿No cree en absoluto en las sandeces que dice pero las dice porque la inteligencia superior que supone poseer (y que algunos le suponen, ¡santo cielo!) le dicta que para imperar sobre el mundo mediocre que desea conquistar hay que dar gato por liebre? Hay opiniones al gusto de todo el que quiera romperse los cascos y perder el tiempo.

Pero Dalí siempre interesa al lector y una se gana la vida charlando con la gente que interesa al lector (o que cree que pueda interesar). Además, hay una época en la vida de Dalí, la época interesante de un Dalí que fue interesante, sobre la cual (de poder hablar de ella con Dalí) se hubiera podido sacar un bonito reportaje: la época en que Dalí apareció por la Residencia de Estudiantes de Madrid, siendo amigo de Lorca, Alberti, Altolaguirre... También su liaison *con los* surrealistas franceses de ese tiempo, Éluard (primer marido de Gala), Tristan Tzara, Aragon... En fin, la lista sería interminable. Ya por el camino hacia Portlligat, se siembra el terror. «¿Una entrevista a Dalí? Estás loca, no podrás abrir la boca, y según cómo te echará». Desde amigos hasta la señora del hotel, en Cadaqués, al dejar la habitación: «Se'n van ja a Barcelona?». «No, a Portlligat». «No anirà pas a veure a aquest ximple?». Creo que la señora lo ha adivinado. «Sí, vamos a ver a Dalí». «Al noi del senyor Dalí». Corrige, porque en Cadaqués el senyor Dalí es el padre del pintor, que fue notario de Figueres. Dalí es «el noi del senyor Dalí». «No hi aniria jo —continúa la señora del hotel—. No ho veu que és un ximple? Encara li farà alguna mala cosa. Mireu com ha deixat el poble: ple de gentussa, barbuts i bruts, estranjerots que el vénen a veure. Això sí, eh, vénen de tot el món. No ho entenc pas!».

DALÍ Y OTROS SERES DISECADOS

Antes de empezar la entrevista, pensar que Dalí soltará ximpleries me da lo mismo: yo, a oír, anotar y redactar luego, como siempre. La pega es que una no hace entrevistas, conversa un rato con el personaje de turno y luego resume (o lo intenta). La entrevista está concertada para las cinco y media, concertada a través de Jaume Miravitlles, a quien se le agradece la gestión. Llegamos a casa de Dalí, en Portlligat, en la playa. En una puerta, un hombre y una mujer. Preguntamos por dónde se puede entrar a la fortaleza. El hombre se queda mirando a Colita, cargada con las cámaras. «¿Son la prensa?

¡Uy!, no sé si les recibirá!». «Nos espera». «Bueno, allá uste-
des, vayan por la otra puerta».
La otra puerta la abre una criada vestida de color rosa. En
el suelo, el nombre de Dalí formado por piedrecitas de la pla-
ya, y junto al nombre, una florecita. «¿Una entrevista? ¿De
parte del señor Miravitlles? Ah, bueno, iré a preguntar, pero
creo que don Salvador está durmiendo la siesta». Esperamos
en una salita, muy pequeña, llena por la presencia de un oso
disecado. Al cabo de unos segundos, regresa la criada vestida
de rosa. «Pasen y esperen». A través de dos o tres salones de-
corados con gusto, nos conduce al jardín situado en la parte
superior de la casa. Todo hay que decirlo, la casa, por den-
tro, es bonita y tiene gracia. Aguardamos en el jardín ro-
deado de una pared en donde hay una entrada. Asomamos
la cabeza: a ambos lados de la pequeña entrada un estrecho
pasillo decorado con redes de pescador y, entre las paredes,
aparecen brazos y piernas de mujer, con las uñas de los pies
y de las manos pintadas de rojo. A lo mejor son entrevista-
dores y fotógrafos asesinados. En el jardín hermosa vegeta-
ción y un león, enorme, disecado. Algunas sillas, pequeñas,
de madera, plegables, como las que colocan en las plazuelas
cuando el pueblo va a presenciar alguna representación. La
criada de rosa aparece acompañando a dos jóvenes (ya lle-
ga el público) y nos sirve bebida.
Al cabo de un cuarto de hora, Dalí aparece en el jardín
vestido de blanco, calzado con «espardenyes», y el bastón
en alto. Los dos muchachos están más cerca de Dalí que
nosotros. Se dirigen a Dalí tendiéndole la mano. Pero Dalí
no la coge: «¿Quién viene de parte del señor Miravitlles?».
Los dos muchachos, con la mano en el aire, dicen que
ellos no. «Pues siéntense, y esperen». Y luego dirigiéndose

181

a nosotras: «Ustedes, ustedes, vengan aquí y siéntense». *Co-loca dos sillitas una al lado de la otra, destinadas a Colita y a mí. Luego él coge otra y se sienta en frente. Ya estamos en el colegio. Dalí se ha sentado junto al león disecado. Ahora lo veo más de cerca (a Dalí y al león). Se parecen en algo: la piel acartonada, los rasgos marcados, y el cabello tieso (el de Dalí más grasiento y sujeto por pinzas para conseguir el perfecto ondulado), los ojos vidriosos, como piedras, y sin vida; el cuerpo erguido, la cabeza hacia atrás. Dalí levanta el bastón y ¡pum!, se abre la sesión.* «Así que vienen ustedes a hacerme una entrevista». *Sí, señor, si quiere, para* Tele/eX-prés. «Para *Tele/eXprés,* ¿eh? Bueno, adelante». *Cruza las piernas, se mete el bastón entre ellas, levanta la cara hacia el cielo, y junta los labios como si fuera a silbar. Pero no silba. Empiezo a decirle que he venido para intentar explicar cómo son sus veinticuatro horas. Pero no puedo terminar.* «No me explique, no me explique nada, pregunte, pregunte». *Bueno, ¿a qué hora se levanta Dalí?* «El divino Dalí —*me corrige—* se levanta a las ocho y media y trabaja hasta la una o una y media. Entonces el divino Dalí goza de su hora de baño, pero baño de mar. Esto casi cada día, excepto los domingos, en que, como hoy, trabajo todo el día. Ahora mismo cuando han llegado estaba trabajando». *La criada de rosa nos ha dicho que dormía, pero da lo mismo. ¿Y después? ¿Lee?* «El divino Dalí nunca lee libros. Pero por favor, pregunte cosas interesantes. Durante el día la vida de Dalí es una vida huma-na, carece de interés. Lo interesante es la vida nocturna del Gran Dalí que empieza a las diez de la noche». *Bien, y ¿qué pasa a las diez de la noche?* «Ah, de diez a once el divino Dalí contempla imágenes hipnagógicas». *Golpe de bastón y repite:* «Fíjese bien, hip - *(pausa)* - na - *(pausa y golpe de bastón)* - go - *(golpe de bastón y pausa)* - gicas» *(señalándome con el bastón). Luego vuelve a erguir el cuerpo y levanta el rostro hacia el cielo como dando las gracias.* «Después, a las once, el divino Dalí se duerme hasta las seis de la mañana, en que se despierta para hacer un pipí». *¡Ohhhh! Cuente, cuente.* «Sí, hago un pipí y me vuelvo a dormir hasta las ocho y media». *¡Ah, qué barbaridad!, ¿cómo será posible, él solito? Así que solo una hora de vida divina, deberá de ser muy intensa.* «Durante esta hora el Gran Dalí tiene sus revelaciones». *Golpe de bastón.* «Apunte». *Pausa.* «Pero no sé si hablarle de ellas porque usted, como todos los periodistas, debe de ser imbécil». *Cierro la libreta y doy la entrevista por terminada. Pero Dalí no.*

EXPULSIÓN

Como no voy a entender, adiós. Pero Dalí no me despide. Por el contrario, se levanta y pregunta a los muchachos espectadores. «¿Y ustedes quiénes son y a qué han venido?». *Uno de ellos se levanta y con voz entrecortada (el bastón de Dalí se está casi apoyando en el pecho del muchacho) dice:* «Venimos de parte de su hermana». «Ah, muy bien. ¿A qué?». «A verle». «Pues ya me han visto». *Y los coge del brazo y los echa del jardín. Sin público, Dalí vuelve a sentarse.* «Usted —*me dice*— ha tenido mucha suerte hoy en poder conocerme. Nunca ha conocido ni conocerá a alguien como yo, nadie le dirá las cosas que voy a decirle. Para entenderlas tendrá que consultar muchas veces el diccionario. Volvamos a las imágenes hipnagógicas. Durante el último mes he llegado a la conclusión de que dichas imágenes son de origen monárquico. Y acabo de recibir una comunicación de Nueva York en la que se me confirma que solo hay treinta y cinco imágenes hipnagógicas, lo que prueba que los que van a la luna son gente tonta que pierde el tiempo, porque solo hay treinta y cinco imágenes hipnagógicas y cinco poliedros regulares. Apunte porque es muy importante: el poliedro regular es el símbolo de la monarquía, lo que prueba que el universo es monárquico, regular y limitado. Cada noche contemplo las treinta y cinco imágenes y es el momento más importante que se da en la mente del Gran Dalí». *Golpe de bastón*. «Es cuando Dalí tiene sus revelaciones. Por ejemplo, sé que dentro de cuatro años en todo el universo se habrá instaurado la monarquía.

Todos los intelectuales son imbéciles, sobre todo los catalanes. Con la instauración de la monarquía en el universo desaparecerá la sociedad de consumo. No habrá cine, ni TV, ni periodistas, ni *Tele/eXprés*, no habrá intelectuales, que es la clase social más imbécil que existe, sobre todo los catalanes y más los que se encerraron en Montserrat protestando contra la pena de muerte. La gente, en un mundo idéntico al de la época del Rey Sol, vivirá una vida espiritual tan elevada que no necesitará del cine y estas tonterías. Solo permanecerán las grandes artes: la arquitectura, la derivada de Emilio Piñedo, la música, la poesía y la pintura derivada de la del Gran Dalí. Ah, y el teatro. Solo los medios artísticos de expresión limitada tienen interés: en poesía, ¿qué es eso del verso libre? Hay que escribir soneto». *Mira a Colita*. «También la fotografía desaparecerá, no tiene ningún misterio. Con la monarquía todo volverá a ir bien. El mundo cayó en el caos cuando el imbécil de

Rousseau se inventó lo del contrato social y luego cualquier imbécil inculto se creyó en el derecho de depositar un voto en una urna y elegir gobierno. Así salen elegidos los tipos que duran en el poder poco tiempo y mientras lo único que hacen es llenarse los bolsillos de dinero creando emisoras de TV o periódicos. Un rey no necesita hacer esto, porque es la encarnación de la legitimidad. Es la diferencia que hay entre la madre de San Luis, rey de Francia, que le dijo a su hijo "Prefiero verte muerto antes que en pecado mortal", y la madre de Napoleón, que le dijo a su hijo "Hijo, aprovéchate que esto se acaba". ¿Ve? Un rey no necesita robar a nadie, tiene su palacio, sus servidores y los bienes del pueblo». *Aunque parezca mentira, Dalí era amigo de Lorca, de Alberti, de Buñuel... Era entre los años 25 y 30 (en el 28 Dalí colaboró en el guion de* Le chien andalou, *de Buñuel), pero esto está muy lejos, tan lejos como los amigos de entonces, desaparecidos unos, alejados otros, envejeciendo con dignidad. Dalí sigue.* «La monarquía no es solo un hecho político, sino metafísico. Los descubrimientos científicos actuales prueban que la vida es monárquica, todo, incluso el carácter, se transmite genéticamente. La monarquía es la única forma de gobierno genética». *Vuelve a decir:* «Pero usted, como periodista que es, es imbécil y no entenderá lo que le digo». *Y sí, ya cierro la libretita y me levanto. ¿Para qué escuchar más «revelaciones»? Pero Dalí aún va soltando más: entre otras cosas que el presidente de la República de Rumanía es uno de los hombres más inteligentes del mundo porque ha preparado el viaje de Nixon a Pekín y de ese viaje saldrá un gran imperio basado en un matriarcado universal. Va diciendo más cosas mientras corta dos lirios que nos ofrece, y dice* que ha comprado el castillo de la Bisbal para regalárselo a Gala, y no sé qué más mientras nos acompaña hasta la puerta. Cae la tarde y al cerrarse la puerta de la casa es como si hubieran desconectado un tocadiscos en el que sonaba un disco rayado.

21 de agosto de 1971

17

GABRIEL GARCÍA MÁRQUEZ

una literatura sin prisas

Gabriel García Márquez, «Gabo», uno de los pilares fundamentales del boom *de la novela latinoamericana con el éxito de* Cien años de soledad *(traducida a veintiún idiomas y que ya ha alcanzado, solo en lengua castellana, una venta que sobrepasa el millón de ejemplares), ha regresado hace tres o cuatro días a Barcelona. Colombiano, el exitazo de* Cien años de soledad *le llegó cuando llevaba ya cuatro libros publicados:* La hojarasca, El coronel no tiene quien le escriba, Los funerales de la Mamá Grande *y* La mala hora. *Sin embargo, el triunfo (y el desahogo económico) no llegó hasta 1967, al publicar* Cien años... *Después, en el 69, García Márquez publicó su último libro:* Diario de un náufrago *(Tusquets Editores). Llegó a España en 1967 y aquí vivió hasta enero de este año. Ahora, García Márquez, tras nueve meses de ausencia, ha vuelto para reinstalarse en Barcelona.*

REGRESO A CASA

García Márquez me cita en una cafetería, a las cinco de la tarde. Allí está, puntual. No muy alto, corpulento. Se ha dejado crecer el pelo, negro y muy rizado. Bigotón y cejas espesas. Tiene aspecto cansado, desganado, gesto indiferente, como si nada a su alrededor le importara (impresión

189

desmentida en cuanto se entabla conversación). Viste su característica chaqueta a cuadros rojos, negros y blancos y parece algo fastidiado, pero quizá no lo esté; es el gesto casi habitual de García Márquez, el ceño fruncido y un gesto un tanto amargo en la boca, aunque no resulta, ni es, nada antipático, todo lo contrario. «¡Qué alegría estar de regreso! No puedes imaginarte qué bella me parece Barcelona, qué tranquilidad. Aunque vosotros, los de aquí, no lo creáis, es una ciudad estupenda». *Sigue un breve interrogatorio por parte de García Márquez, deseoso de noticias. Quiere saber qué ha sucedido durante su ausencia. ¿Y Fulanito...? ¿Y Zutanito? ¿Tal editorial, cómo va...? El libro de X ¿...ya ha salido? ¿Y qué es? ¿Y...?* «Ha sido como regresar a casa, de verdad. He encontrado mi apartamento, mis libros, mis sillas, mi coche..., los niños ya van al colegio... Es que estos nueve meses los he pasado en hoteles, en apartamentos alquilados, de un lado para otro... Pero ahora, ya todo vuelve a ser igual, ya he recibido invitaciones para presentaciones de libros, por cierto, esta noche es el cóctel de Barral... ¿Ves? Todo igual, como si no me hubiera ido. ¡Ah, otra vez la tranquilidad! A ver si me pongo a trabajar». *Gabo ha regresado, y dispuesto a trabajar, a meterse en la elaboración de un nuevo libro, proyecto ambicioso para el cual, su viaje, le ha resultado de gran utilidad. ¿No han sido unas largas vacaciones?* «Bueno, mira, me marché, dispuesto a no dar golpe. Pero ya sabes, un escritor puede trabajar más tumbado en una playa, tomando el sol, que sentado en la máquina. Tumbado en la playa va funcionando la máquina». *Señala la cabeza.* «Me marché en enero. Tenía trescientas holandesas de mi novela, pero me di cuenta de que la cosa no marchaba bien. Decidí dejarlo todo y marcharme a dar vueltas, a descansar...».

EL OTOÑO DEL PATRIARCA

Es el título de la nueva novela. «El viaje me ha resultado muy útil, me ha confirmado que lo que había escrito no funcionaba bien. De España, marché a Colombia. Después visité las Antillas menores: Antigua, Trinidad, Martinica, Las Guayanas, Guadalupe, Curaçao... Son las islas del Caribe cuyo ambiente me sirve para la novela. De regreso estuve en México, saludando y viendo a amigos, a gente conocida..., ha sido agotador». *Volvamos a la novela.* «Ya se ha hablado mucho de ella en entrevistas. La empecé antes de *Cien años de soledad,* no me salía, la dejé... Casi siempre me sucede lo mismo, pero antes a nadie le importaba. Resulta que entre que empiezo una novela, la dejo, la vuelvo a coger, corrijo..., pasan siete u ocho años. Antes, cuando no era famoso, nadie se extrañaba, porque a nadie importaba. Pero desde *Cien años,* me dicen: "Pero, Gabo, ¿cuándo vas a publicar otra novela? Vamos, hombre, que no das golpe. A ver si te animas y publicas más". Pero la verdad es que escribo al ritmo de siempre. Además, no tengo ninguna prisa. El viaje, ya te digo, me sirvió mucho. Creo que ahora que he roto las trescientas páginas que ya tenía escritas, empiezo de nuevo y esta vez con buen pie, pero si dentro de un tiempo, o cuando esté terminada, no me gusta lo que he escrito, lo romperé, y volveré a empezar. No tengo prisa».

SER LATINOAMERICANO ES LO PEOR QUE HOY LE PUEDE SUCEDER A UNO

Llegó a Barcelona en el 67, pero ya antes vivió en Europa, en París. «Sí, estuve allí, sin una perra, vendiendo periódicos... En fin, como todos los escritores del mundo, hice mi curso: ir a París, pasarlo mal durante un tiempo y regresar al país de uno a trabajar. Aquí llegué en el 67, con dinero para pasar seis meses. Luego, vi que el dinero que tenía solo me alcanzaba para tres meses. Planeaba ir a París y a Roma. Pero *Cien años* empezó a venderse y me quedé. Mi situación aquí es curiosa: no estoy definitivamente, pero sí indefinidamente. Ahora, no me moveré de Barcelona hasta haber terminado mi novela, esto es seguro». *¿Cómo le ha sentado el viaje a Sudamérica tras casi cinco años de ausencia?* «Pues mira, pasan allí tantas cosas a diario, que al regresar uno tiene la sensación de que en Europa no sucede nada. Claro, que ya sucedió... Son países vivos, un continente volcánico, en plena ebullición. Creo que ha empezado un proceso revolucionario que ya nadie puede detener. Cada país está reventando según las características de cada país. El proceso revolucionario será combatido, Norteamérica intenta detenerlo, pero ya no es posible, va hacia adelante. Ser latinoamericano, hoy, es lo peor que le puede pasar a uno, en el sentido de que es muy complejo. En cada país te encuentras con seis, ocho grupos distintos: si estás con cuatro estás en contra de dos, y al revés. Te vienes acá, para encerrarte a escribir, y te preguntan: "¿Y usted qué hace aquí, por qué no está en su país?". En fin, es muy complejo. Pero están pasando allí muchas cosas, y la juventud es magnífica.

Bueno, la juventud es estupenda en todo el mundo. Creo que nunca la juventud había sido tan extraordinaria como ahora, sí, en serio; nunca ha empujado tanto como ahora, está rejuveneciendo al mundo y arrinconando a los viejos. Y las mujeres, nunca habían sido tan jóvenes como ahora». *¿Cómo es eso?* «Sí, antes pasaban de los catorce años a los cuarenta y cinco, de golpe. Pasaban desde la pubertad a la menopausia en los conventos, o donde sea, retiradas, y las que no, se casaban, y ¡hala!, arrinconadas. Ahora se las ve, van por la calle, se han incorporado a la vida. Me gustan los jóvenes, tan bellos, empujando...».

INCREÍBLE MADRUGADOR

Sonríe. «No te lo vas a creer, pero me despierto a las seis... Bueno, los días que me acuesto tarde, a las siete. Me asusto y me entra miedo de pensar en lo que tengo que hacer, o en lo que voy a escribir. Entonces, aprieto el botón de la radio y escucho música, para calmarme. Me quedo en cama, en posición fetal, y pongo orden en el caos del despertar del sueño. Cuando ya estoy más tranquilo, me levanto. Una ducha, un café con leche y un trocito de pan, y hacia las nueve ya me siento a escribir. Antes me pongo el mono». *García Márquez trabaja con el clásico mono.* «Creo que es una invención, de mala fe, del capitalismo, porque en cuanto me pongo el mono tengo más ganas de trabajar. Me siento en la máquina y trabajo hasta las dos del mediodía, hora en que los niños llegan del colegio. A veces no escribo nada, pero estoy delante de la máquina, cumpliendo el horario. Cada día me cuesta más escribir. Mira, podría contarte toda la novela, página por página, de principio al fin. Pero escribirla, ya es otra cosa. No estaría mal tener a alguien a quien uno pudiera contarle lo que quiere escribir y que hiciera, al menos, el primer borrador, que es el que cuesta más». *Se ríe. Hace rato que dudo: no sé cuándo habla en serio. Con ese aire tan displicente...* «Después de las dos, ya no quiero saber nada con la literatura. Como, casi siempre en casa. Y duermo siesta larga, hasta las cinco. De cinco a ocho, escucho música. Pues mira, parto de la base de que todo lo que suena es música, y después de oír lo que sea, escojo. Me encantan los discos que compran mis hijos (ahora me gusta Santana) y permanentemente me gusta la música de cámara romántica. Si no hay cena con amigos, me quedo en casa oyendo música y leyendo hasta las dos o las tres de la madrugada, pero casi siempre tengo que ver a alguien, sobre todo amigos latinoamericanos que pasan por aquí. No, novela leo poca, las de los amigos o gentes que conozco y tengo curiosidad por saber qué escriben. Pero ahora las novelas me aburren, ya no cuentan un cuento. Ahora lo que leo está relacionado con mi novela: chismorreos palaciegos, memorias de estadistas, teoría política, lo que está relacionado con la situación latinoamericana... Y muchas revistas, me gusta estar al día en cuanto se refiere a información mundial».

UN MATRIMONIO *MAL AVENIDO*

«Hice un curso de dirección cinematográfica en el Centro Experimental de Roma, en 1955. Me fui a México para hacer cine. Hice crítica en Bogotá. Iba dos o tres veces por día al cine, lo veía todo. Pero trabajando en cine me di cuenta de que es imposible hacer buenas películas dentro de la industria establecida. Y que la idea que hay en tu cabeza, antes de llegar a la pantalla, pasa por tantas manos, que no se realiza tal como tú la concibes. Descubrí que escribiendo podía hacer lo que me pasara por las narices, podía escribir cuanto quisiera sin tener que consultar al productor. Mis novelas son como yo quiero, mis películas no podían serlo. Ahora, no dejo que mis libros se lleven al cine, y solo veo dos o tres películas al año. Sin embargo, tengo debilidad por la gente de cine, tengo grandes amigos entre ellos, con los que siempre estoy peleando. Por eso digo que mi relación con el cine es como la de un matrimonio mal avenido». *Tengo entendido que recibe una cantidad monstruosa de cartas.* «Unas cincuenta cada día. Las comerciales se las paso a Carmen Balcells, mi agente. He descubierto que una carta que pone "urgente", la dejas un mes encima de la mesa, y al cabo del mes ya no es tan urgente. Contesto pocas... Mira, hay gente que me escribe diciéndome que les cuente cómo escribí *Cien años,* comprenderás que... Otras sí, contesto, las que muestran que el que las ha escrito lo ha hecho por determinada necesidad. No escribo ni a los amigos..., eso sí, les llamo por teléfono, aunque estén en México o en Nueva York, si he vendido un millón de ejemplares, puedo permitirme ese gusto... Yo no guardo dinero, no tengo nada, mi casa es alquilada, eso sí, si tengo algún gusto, como hablar por teléfono con mis amigos, me lo doy». *Habla con divertida indiferencia del éxito del millón de ejemplares, como si fuera eso: un feliz accidente que le permite hablar con sus amigos desde larga distancia. Sigue la conversación: impresiones del regreso mezcladas a las del viaje, Latinoamérica, echa de menos a algunos amigos.* «Ahora, tengo mucha nostalgia de Mario Vargas, gran amigo. Ayer lo llamé a Lima y me dijo que regresaba en enero». *Salimos a la calle. Tiene una cita en su casa, y después un cóctel ofrecido por Carlos Barral.* «Solo voy a los cócteles de Barral. Es el único medio que tengo para expresarle mi cordialidad sin tener que darle mis libros». *Se ríe.* «Ponlo, ponlo, se enfadará». *Nos despedimos.* «¡Qué bien estar de nuevo aquí! Qué paz. Fíjate, en México, en Nueva York, en todas partes a las que llegaba me esperaban un montón de periodistas en el aeropuerto, entrevistas... En fin, muy cansado. Aquí, nadie se fija en ti, he llegado y la noticia todavía no ha salido en los periódicos». *Pues ya ha salido.*

9 de octubre de 1971

18

JOAN PONÇ

diálogo con el mundo

Joan Ponç, pintor, uno de los pintores españoles más importantes (aunque a él le moleste el calificativo) del momento. Nació en Barcelona, en 1927. Fundó la revista Algol[20] y el *Dau al Set*[21], con el poeta Joan Brossa. Cuando los pintores, poetas e intelectuales que se agruparon en torno al *Dau al Set* empezaron a adquirir cierta resonancia, Joan Ponç se marchó a Brasil, donde vivió durante diez años, siete de los cuales los dedicó a la enseñanza (fundó una escuela: *L'espai*). Regresó a España hace nueve años y ha vivido siempre fuera de la ciudad, por completo alejado del mundanal ruido, de grupos y clanes. Primero se instaló en el Bruch, cerca de Montserrat, después en Cadaqués, donde ha permanecido hasta hace muy poco (y donde aún vive su familia y él de vez en cuando, como ahora veremos). En la actualidad, Joan Ponç se ha retirado (todavía más) para refugiarse en las montañas, en un lugar de Camprodón. Sin embargo, es en su casa de Cadaqués donde lo encontramos.

---

20. *Algol*: la vida de esta revista de vanguardia fue muy breve, solo se llegó a publicar un número, en 1947.
21. Dau al Set: grupo artístico vanguardista surgido en Cataluña en 1948 alrededor de la revista del mismo nombre —en castellano, «La séptima cara del dado», lo cual da una idea de su carácter rupturista—. Algunos miembros del grupo fueron Antoni Tàpies, Joan Brossa y Juan Eduardo Cirlot. La revista se publicó hasta 1951 y fue considerada por el Museo de Arte Moderno de Nueva York como una de las primeras revistas vanguardistas del siglo XX.

PREDESTINACIÓN

Desde la terraza de la casa de Ponç se divisa todo el pueblo (ya desierto de veraneantes) y el mar. El mar presenta varios tonos de azul, en franjas, y las barcas, ancladas cerca de la playa, se mueven, señalando todas, al mismo tiempo, una misma dirección: empieza a soplar la tramontana. «Me quedé a vivir aquí por una razón muy curiosa. Cuando me fui a Brasil, una noche, en la cubierta del barco, vi a un hombre que me miraba con expresión extraña. Diez años después, al regresar a España, en la cubierta del barco, volví a ver aquel rostro. Poco después, vine a Cadaqués, subí a un taxi para ir a Figueras, y descubrí que el taxista era aquel hombre. Decidí quedarme a vivir aquí y tomé esta casa».

La casa de Ponç es un tanto curiosa. Construida sobre la base de un antiguo hotel, las puertas de la primera planta conservan la numeración, y en el lavabo aún cuelgan, de la puerta, unos cartelitos con las instrucciones para el manejo del váter y el baño. La habitación número ocho corresponde al estudio del pintor (mejor dicho, al exestudio, puesto que ya no trabaja aquí). Hace un par de años tuve la suerte de entrar en la habitación número ocho. Acompañada por Luis Goytisolo (con quien Ponç preparaba la edición de Ojos, círculo, búhos, *libro editado hace unos meses por Anagrama), tuve el privilegio de ver el atelier del artista y una serie de dibujos que acababa de terminar. En el estudio reinaba un orden y una pulcritud que rayaba la manía: los pinceles alineados, unos junto a otros, empezando por el grande y terminando por el más pequeño; igual regla seguía la ordenación de telas, láminas, botecitos de pintura, cajas... La estancia conservaba esa especie de ascensor que utilizan en hoteles y restaurantes para enviar la comida desde la cocina. Ponç explicó, entonces, que el pequeño ascensor seguía funcionando, porque a veces, cuando trabajaba diez, quince, e incluso veinte horas seguidas, su esposa le mandaba la comida por ese medio y no tenía que interrumpir el trabajo ni ver a nadie.* «Ahora, a veces, todavía trabajo durante quince horas seguidas, pero el médico, por razones de salud, me ha impuesto un horario».

LOS SACRIFICIOS: ESA EXCUSA

Comemos al sol, en la terraza. Ponç, comida de régimen: diabetes. Sirve la bebida, no le tiemblan las manos, pero vierte agua sobre el mantel. «Ai! Sóc molt patós. Siempre me resbalan las cosas de las manos». «*Sí, sí..., resbalar —corrige la mujer—. A Joan las cosas no le resbalan de las manos: le vuelan*».

Joan Ponç es un nombre que ahora se cotiza alto, pero Ponç hasta hace muy poco, las pasó moradas. «Hace veinticinco años, casi todo el mundo estaba de acuerdo en que era un pobre loco. ¡Cómo han cambiado las cosas! Ahora continúan llamándome loco, pero dicen: "Es un loco con suerte". Dicen exactamente lo que yo aspiraba a oírme decir. Jamás deseé que me llamasen sabio, eso equivaldría a que yo pensara como ellos, o sea, el fracaso».

Hasta ahora, ¿una vida dura, sacrificada? «Dura, sí, sacrificada, no. A estas personas que dicen que sacrifican su vida por pintar o por escribir no las comprendo. Si les gusta lo que hacen, ¿dónde está el sacrificio? Sacrificio sería lo contrario: fastidiarse por hacer algo que uno no quiere hacer. Son como esas madres que siempre se lamentan de cuánto se sacrifican por sus hijos. A mí nunca se me ocurriría decir que me sacrifico por cuidar y educar a mi hijo, o por la pintura».

LAS EXPOSICIONES

Ponç tiene en el rostro una expresión mágica, casi mística. Una media sonrisa misteriosa y grandes ojos, que miran fijamente y parecen traspasar las cosas o hablar con ellas. Parece en posesión de un secreto, o seguro de estar en vías de encontrarlo. Le recuerdo la serie de dibujos («serie amarilla», la llamaba) que vi hace dos años: minuciosas composiciones en las que aparecían siempre unos ojos, un rostro humano en un desgarrador anhelo de elevación mientras mil ataduras lo retenían. «Ahora hago cosas muy distintas. Creo que atravieso por el mejor momento de mi vida. Me siento muy liberado, y se nota en lo que pinto». *He oído que pronto va a exponer en Barcelona.* «Que yo sepa, no. He hecho muchas exposiciones fuera. Pero no me gusta exponer. ¿Para qué? Las exposiciones se hacen para los de la profesión y para la crítica. Los primeros, la mayoría, por razones personales van a reventarla. Y la crítica... Si casi no existe, y la poca que hay, ¡está influenciada por tantas cosas!».

En la pintura de Ponç, y en su persona, hay algo místico, religioso. «Creo en una fuerza que pasa por todas las cosas con la cual es posible dialogar. Donde esta fuerza es más patente es en el hombre, pero este la deforma de tal manera que se acaba dialogando mejor con una piedra. Las piedras tienen la cabeza menos dura. Solo creo en la creación. Es terrible. Hay que destruir sin descanso. Esto sí que es vivir en una revolución permanente. Vivir inmerso en la creación. Creo en un principio creador mucho más sensible a la sinceridad que al martirio, indiferente a la virginidad. ¿El hombre? En los momentos de optimismo pienso que el hombre está intentando superarse en casi todos los campos: en la ciencia, por la cual siento cada día más respeto, en el arte... La religión está haciendo poderosos esfuerzos para sacar de sus entrañas lo que pueda tener de más puro y sincero para sobrevivir. No sé qué pasa con la política, confieso que nunca he conseguido entender nada y cuando casualmente oigo hablar, o veo actuar, a los que entienden, agradezco a Dios mi ignorancia. Creo que cada ser humano es un proyecto del Creador para llegar él sabe dónde: no es asunto nuestro. Lo nuestro es intentar ser lo más posible».

EL ARTE VISTO POR LOS ARTISTAS

Hablamos de pintura, de pintores. «Cuando a una familia pobre le salía un hijo subnormal[22] siempre le quedaba el recurso de ponerlo a vender cupones en una esquina. Cuando

---

22. Este término que hoy en día nos resulta tan fuera de lugar es el que se empleaba de forma habitual en los años setenta. Lo mantenemos ya que el libro es el reflejo de una época, con sus luces y sus sombras. De nuevo lo veremos aparecer en la entrevista a Victoria de los Ángeles, en ambos casos los interlocutores se muestran respetuosos, a pesar de emplear este término que, insistimos, era el habitual entonces. Sirva también como muestra del avance de la sociedad en el reconocimiento de los derechos de este colectivo.

el subnormal es de familia rica el recurso es hacerlo artista, con la ventaja de que será mucho más difícil reconocer su deficiencia mental debido al bajo nivel que tiene la mayoría de la gente que gira en torno a este mundo a la vez fascinante, sublime, perverso y ridículo. Un libro que debería leerse es *El arte visto por los artistas*. Es muy interesante constatar cómo grandes pintores se destrozan mutuamente. Resulta fácil llegar a la conclusión de que un pintor debe ir con muchísimo cuidado cuando pretende hablar de pintura. Lo más probable es que acabe diciendo tonterías, no tan gordas como los críticos, naturalmente, ni tan absurdas como las que dicen quienes escriben libros de estética. Pero a estos últimos se les puede leer, pues en lo que podríamos llamar "estética ficción" hay más imaginación que en la ciencia ficción. ¿Qué es para mí la pintura? El misterio que me separa de la tela. La pintura solo me interesa como método de investigación. De lo contrario se reduce a un puro truco para hacer cosquillas a las pequeñas y medianas sensibilidades con el fin exclusivo de estimular su capacidad adquisitiva».

EL HORARIO DE UN DIABÉTICO

A Ponç hoy le encuentro en Cadaqués, por casualidad. Ya hemos dicho que ahora vive, solo, en los Pirineos. «Antes mi horario era no tener horario y me lo tomaba casi con devoción. Ahora el médico me ha impuesto un horario muy riguroso: el de un diabético. Me levanto a las siete y media y leo hasta las nueve y media: en estos momentos, Bergson y Foucault.

No desayuno. Pinto hasta las dos y media. Como y juego una partida de ajedrez. A las cuatro, pinto otra vez, hasta las ocho y media. A esta hora telefoneo a mi mujer para saber qué pasa en el mundo. A través del teléfono oigo lo pesado que es y que ella está tremendamente fatigada de vivirlo. Medito sobre la suerte que tengo y me prometo ser menos egoísta. Voy a cenar. Ceno siempre más de lo que me propongo. No miro la televisión. Nunca hablo de mujeres ni de política. Pinto un par de horas e intento dormir, cosa que muchas veces no consigo. ¿Distracciones? Cuando no pinto lo paso muy mal, y no consigo distraerme. Los sábados por la tarde voy al cine con mi mujer. Últimamente me ha gustado *Si quieres ser millonario no pierdas el tiempo trabajando*; *Pasión*, de Bergman; *El pequeño salvaje*, de Truffaut. También me distraigo con mis amigos: tenderos del pueblo, algún vecino. Ni me aburro ni echo en falta a nadie. Cuando una persona tiene suficiente riqueza interior puede dialogar con cualquier cosa: una nube, un árbol, o un mosquito. Suponiendo que el mosquito te aburra mucho, muchísimo, puedes, como último recurso, matarlo y no pasa nada. Pero prueba a matar a un intelectual o a un artista: te meten en la cárcel, te llaman asesino, por muy justo que sea el argumento de que aún son más pesados que los mosquitos. De eso no tengo la menor duda, por lo menos, a lo que a mí respecta. Puedo asegurar que solo he tenido deseos de matar a siete mosquitos en los cuarenta y dos años que tengo de vida».

Parece nervioso, inquieto, como si viviera supervoltiado: «La mayoría de los seres humanos viven como si fueran las once y media. Yo vivo como si faltaran cinco minutos para las doce. Vivo más ansioso, pero más cerca. Esto es lo importante: vivir lo más cerca posible. Los instantes se transfiguran, hay más luz, se intensifica la mirada, se respira más hondo, hay más fe en todo, se trasciende la propia vida viviéndola en una dimensión más absoluta, una dimensión que hace estallar los límites estrechos con que frecuentemente intenta ahogarnos».

Y, *a media tarde, empieza a prepararse para regresar a las montañas, huyendo de los intelectuales, artistas y otros mosquitos.*

30 de octubre de 1971

19

COLITA

el sentido del humor como principio de todo

Colita, fotógrafa, una de las mejores fotos fijas del cine nacional (ha trabajado con los directores de la Escuela de Barcelona y con los mejores del país), autora de la parte fotográfica de Una tumba, de Juan Benet, y de un libro de flamenco, en colaboración con Pepe Caballero Bonald (Luces y sombras del flamenco, de próxima aparición), también reporter de actualidad (colaboró en la desaparecida revista Siglo XX, y ahora en Bocaccio, Triunfo y otras). Pero lo que más le gusta a Colita es el retrato (clientes suyos, entre los famosos, son Joan Manuel Serrat, Antonio Gades, Oriol Regàs, lo fue Carmen Amaya, la Chunga...), y de retratos es su primera exposición que bajo el título de La Gauche qui rit, y presentada por Bocaccio, tendrá lugar el próximo jueves, día 2, en Aixela. Colita tiene treinta años, es alta, morena, hace cinco que no se viste con falda y casi diez que anda por ahí arrastrando gigantescos bolsos de donde en un momento dado y según las necesidades pueden surgir máquinas fotográficas, alguna novela policiaca, una perra llamada Cleo, algún objeto que acaba de comprar en un anticuario, varios tubos de píldoras, purgantes, optalidones[23], pastillas adelgazantes y cajas de tampax. Tiene fama

---

23. Optalidón: uno de los grandes protagonistas del mundo farmacéutico en los ochenta y que gozó de gran éxito social; se trataba de un fármaco contra el dolor en general, algo parecido al paracetamol actual. Con el tiempo se comprobó que podía crear adicción y poco a poco desapareció de las farmacias.

de guasona, de andar por ahí con la carcajada fácil y la tomadura de pelo a punto, y de no tener pelos en la lengua. Tiene cara de gato satisfecho, rezongando entre almohadones, junto a la chimenea, una tarde de invierno. Las malas lenguas dicen que es uno de esos gatos que, desde el calor del hogar, se asoma a la ventana y toma el pelo a los pobres gatos canijos que padecen frío y lluvia. Pero los amigos de Colita saben que sí, que se ríe, pero mientras les teje bufandas, a escondidas, para que no sea dicho.

COLITA Y LAS COLES

Veinticuatro horas *en día festivo, de lo contrario, en un día de trabajo, no para una hora seguida en un mismo sitio, por cosas de la profesión. Como todos los días de fiesta (si el trabajo se lo permite) Colita está en su casa de Bagur, en la costa. Una casa un tanto terrorífica, llena de cuadritos, señoras de principios de siglo, angelitos, cristos ensangrentados, grandes pósteres de Drácula, monjas casi de tamaño natural, muñecas antiguas mutiladas, Dolorosas atravesadas por las espadas... Todo muy alegre. En la biblioteca (estancia que da al jardín, donde una perra, Cleo, se dedica a ahuyentar a los gatos que rondan la casa) no hay tanta alucinación: solo algunas estatuillas de santos, juguetes de madera y lata, cuadros: dibujos dedicados de Alberti, Miró, Joan Ponç, Guinovart... Proust ocupa un lugar destacado en la biblioteca, y una colección impresionante de literatura de terror, ciencia ficción, novela de misterio.* Colita no se llama Colita, se llama Isabel. «Me llaman Colita desde pequeña. Era flaca, negra, con cara de malas pulgas, los dientes salidos..., tan mala que me decían que me habían encontrado debajo de una col. Col, Colita. De ahí viene».

LA COLITA *QUI RIT*

La exposición del día 2 consta de cincuenta y seis retratos de personajes barceloneses más o menos incluidos dentro de la Gauche Divine. «Lleva ese título en homenaje a Perich, que junto a *La dispersión*, de Eugenio Trías, y a Ortega y Gasset, es el filósofo más importante aparecido en España en muchísimos años. ¿Que qué es la Gauche Divine? Ahora se habla mucho de la Gauche, pero creo que cuando Jaime Gil iba a la universidad ya le decían que era Gauche Divine. Para mí, es un grupo de amigos, a quienes conozco hace ya muchos años, que teóricamente no son de derechas y prácticamente no son de izquierdas (con algunas excepciones) y que, por lo mismo, pueden recibir tortas propinadas de ambos bandos. Yo creo que, políticamente, es monárquica, pero del Rey de Copas». *Carcajada: se acuerda de un chiste del Perich.* «Si la Gauche Divine fuera terrorista, al cóctel molotov le añadiría una aceituna». *Colita añade:* «Y si fuera comunista creería que la abolición de la propiedad privada significa no tener "Privado", o sea, retrete, en la casa de campo». *Más carcajadas.* «Bueno, en serio, si hubiera libertad de asociaciones políticas, a la Gauche le sucedería lo que a la mayoría: sería como si a los pakistaníes que se están muriendo de hambre llega Cáritas y les da a elegir entre jamón de york y jamón serrano. Lo mejor de la Gauche es que tiene sentido del humor y se ríe, empieza por reírse de sí misma, y eso me gusta. Este es un país pobre, triste y desgraciado. A la gente le molesta que te rías y te diviertas. Parece que la falta de sentido del humor sea una institución. Todo es un drama, debido quizás al sentido trascendental a ultranza. Lo de "ganarás el pan con el sudor de tu frente y parirás con dolor" está aplicado a todo: desde el trabajo hasta…, claro que ganarse la vida para muchos es un drama, y hay que arreglar y acabar con algunas cosas, pero los que intentan arreglarlo lo hacen con el mismo aire dramático, tristón y solemne. Todo está montado sobre una seriedad hipócrita. Parece como si el español hubiera nacido con la corbata puesta y abandonado en una cestita en la puerta de un Ministerio. Es como si el sentido del humor se diera de patadas con todo, incluso con el trabajo (me refiero al de todos, artistas, intelectuales, políticos, hombres de negocios, modistillas…). ¿Por qué esta incompatibilidad? El otro día vi una foto de Fidel Castro cantando y bailando ante un micrófono y con un gorrito en la cabeza, ¿se puede decir por eso que Fidel y la revolución cubana sean frívolos? Por cuatro días que vamos a vivir, no me los pienso pasar llorando, nadie va a recompensármelo». *Volvamos a la exposición.* «Son fotos divertidas, para divertirme yo, los cincuenta y seis retratados y la gente que la vea». *¿Por qué esta preferencia por el retrato?* «Jamás me han gustado las naturalezas muertas o los bodegones. Me gusta la gente y dialogar con ella. El retrato es la expresión más abierta y directa. Cuando te gusta alguien y lo retratas es como un corto romance, es poseerla un poco». *Ha retratado a mucha gente, ¿a quién ha poseído con más gusto?* «A un perro dogo que tiene una amiga mía, si pudiera me casaría con él, pero ya me ha rechazado tres veces. No insisto».

COLITA DE LOYOLA

Veo una foto. Colita, a los dieciséis años, vestida de jesuita y con barbas. «En el colegio dirigía el cuadro escénico e hice de san Ignacio de Loyola, en *El divino impaciente*, de Pemán». *La foto que aparece aquí, vestida de monja, pertenece a la película de Masats* Topical Spanish. *Y por la casa, ya lo he dicho, hay varias monjas. ¿Por qué esa predilección?* «¿Predilección? Estuve trece años en el Sagrado Corazón, y las monjitas me han marcado para siempre. Me expulsaron cinco veces». *Mala pieza que era.* «Sí, me comía los caramelos que las otras niñas, a instancias de las monjitas, ofrecían a la Virgen en sacrificio. Durante trece años intenté que no me fastidiaran, pero estar trece años intentando, día a día, que no te fastidien, al final, fastidia. Ahora, cuando lo recuerdo me da risa, pero entonces… Recuerdo que a una chica le pillaron una foto en la que aparecía en bañador y con dos chicos que eran sus hermanos. Le dijeron: "¿Qué hace usted con dos chicos en calzoncillos?". No creían que iban con "meybas"[24]. Y es que eran muy susceptibles las monjitas, siempre creían que estabas pecando. Ahora han cambiado mucho, son muy modernas, incluso quieren casarse. Pronto tendremos a un par de monjitas en la Gauche Divine. Pero han perdido mucho encanto. Como la misa: han suprimido las flores, luces e incienso, y los curas sin la

---

24. Meybas: Meyba es una marca de ropa deportiva fundada en los años cuarenta en Terrassa. Inicialmente confeccionaba ropa de baño —es el caso que comenta Colita en la entrevista—, y más tarde la empresa se encaminó hacia la producción de ropa de deporte. Sus años de mayor éxito fueron los ochenta y los noventa. En 2013 fue absorbida por una compañía neerlandesa.

batita negra..., ahora la misa parece una clase de gimnasia con un instructor en el púlpito que va diciendo: "En pie, sentados, de rodillas, en pie..."».

COLITA FRANCIS

Día de reposo en Bagur: leer, oír música, ver la televisión... «Ah, me encanta la televisión, por lo mismo que las películas de Sara Montiel, para reírme o por masoquismo. Sí, las películas de la Sara. Seguro que *Esa mujer*, aquella en la que la Montiel sale de monja embarazada, pronto se dará en arte y ensayo[25]». *Pasan publicidad. En la pantalla, una chica que tiene problemas con su belleza.* «Lo primero que debe hacer la mujer española para estar guapa es lavarse. Antes que anunciar cosméticos, lo que hay que hacer es ir por los pueblos regalando pastillas de jabón y cepillos de dientes. La belleza es algo que viene de dentro. No conozco a nadie inteligente que sea feo y repugnante, en cambio hay personas guapas y tontas que son asquerosas. Creo que si los niños aprenden a lavarse y a ir al colegio, la próxima generación será mucho más guapa». *Lleva años trabajando en el cine y se pasa la vida viendo películas. ¿Está pensando en dirigir?* «No, a cada

---

25. Arte y ensayo: con el nombre de Círculo A se conoció, a finales de los años sesenta en Barcelona, la red de cines de arte y ensayo que exhibían películas extranjeras en versión original y subtituladas. La idea nació de tres críticos de cine: Antoni Kirchner, Pere Ignasi Fages y Jaume Figueras, quienes consideraban absurdo publicar críticas de películas que se veían en el Festival de Cannes pero que no llegaban nunca a España. Poco a poco empezaron a traerse esas películas y a proyectarse en algunos cines, como el barcelonés Publi, que fue el primero. Por supuesto que esta iniciativa hubo de ajustarse a las normas y dificultades que la censura franquista aún imponía.

cual lo suyo. En este país todo el mundo es polifacético, uno se cree que por saber leer y escribir ya puede escribir libros, hacer películas, ser actor...; total, porque en su casa, su mamá, de pequeño, le dijo que era muy listo. Claro que podría hacer una película, escribir mis memorias, o cantar zarzuela, pero es que hay que tener respeto a los profesionales que se dedican en serio a sus profesiones y a la gente que disfruta de ellas. Nada, nada, los fotógrafos a hacer fotos, los arquitectos a hacer casas, los escritores a escribir, y los que se aburren y tienen dinero que se vayan de crucero o se compren un loro, pero que no nos suelten sus vomiteras en una pantalla o en un libro». *Noticias en la tele: más quemas de grabados de Picasso.* «Creo que la entrada en el Mercado Común está asegurada. Podemos exportar cuadros de Picasso chamuscado. En esto España no tendrá rivales».

COLITA DE ASÍS

Cleo, la perra, sigue persiguiendo gatos en el jardín. «Soy de la protectora de animales. Siempre he tenido gatos, perros, de pequeña; cuando veraneaba en la Garriga tenía una cabra que dormía conmigo. Cuando sea vieja, o sea muy pronto, me gustaría retirarme aquí, en Bagur, y tener un criadero de tekels[26]». *La casa está llena de cuadros.* «No, no me gusta especialmente la pintura. Solo algunos pintores antiguos. Me gustaría hacer fotos en color que fueran como

---

26. Teckel: raza de perro originaria de Alemania; es también conocido como perro salchicha.

los cuadros de los prerrafaelitas, pero no me saldrían». *Leer, sí, le gusta, a juzgar por la cantidad de libros que veo, sobre todo literatura de misterio y evasión. Colita va a dirigir una colección:* Serie Negra, *en Tusquets Editores, para libros de bolsillo. Es una especialista en la materia, y algo vocacional, por lo visto: de pequeña, se disfrazaba de vampiro con un trapo negro, y asustaba a sus amiguitos.* «Siempre me ha gustado la literatura de misterio, y la gente me insultaba. Pero ahora, se ha puesto de moda».

COLITA GUILLOT

La discoteca, llena de boleros, tangos, Chavela Vargas, Olga Guillot, Gardel, Moncho... «Después del Sagrado Corazón, estuve dos años perdiendo el tiempo en el CICF[27], me marché a París, estudié en la Sorbona, pero me examiné en otro sitio porque me gasté el dinero de la matrícula. Volví a Barcelona e iba e marcharme a Londres cuando conocí a Paco Rebés. Se fraguaba la película *Los Tarantos*. Hice unas fotos a Marina y Eleta en Bolero. Me equivoqué en el revelado y salieron buenísimas. Me encargaron la localización de personajes para la película, y entre Paco Rebés, Carmen Amaya y Gades me convencieron para que me quedara aquí y aquí estoy. Antes de conocer a Paco Rebés ya hacía fotos. En la Garriga era amiga de un fotógrafo, Juan Antonio Canti, y después conocí a Oriol Maspons, que me hizo

---

27. CICF: Grupo de Teatro Independiente (GTI) dirigido por Feliu Formosa en 1966 en Barcelona. Las siglas CICF provienen del local que el Centro de Influencia Católica Femenina cedió al grupo. Fue en 1970 cuando las siglas pasaron a ser GTI.

cambiar las cámaras de mi padre por una Pentax. Me presentó a Xavier Miserachs y trabajé con él durante unos meses. Pero nunca creí que fuera a dedicarme a la fotografía en plan profesional. No me gustaba especialmente. Ahora, sí, claro, me gusta; ya no sabría hacer otra cosa. Es como si heredas un rebaño de vacas, al final acabas por tomarles cariño y cuidar de ellas». *Olga Guillot sufre como una condenada en este bolero.* «A mí, en realidad lo que me hubiera gustado es cantar boleros y pasearme por la barra de un bar con un traje de lamé muy brillante». *Todavía está a tiempo.* «¿Ahora? ¡Pero si estoy gorda como una vaca! No sé qué hacer para adelgazar», *dice ante un monumental plato de espaguetis que nadan entre queso y mantequilla, y una carne con setas que ella misma ha preparado a media tarde, para merendar.*

27 de noviembre de 1971

20

VICTORIA DE LOS ÁNGELES

el arte exquisito

El pasado día 14 de enero, Victoria de los Ángeles, tras una larga ausencia, reapareció en Barcelona, en el Palau, donde ofreció un recital a beneficio de Aspanias, Asociación de Niños Subnormales Profundos. Del importante acontecimiento musical, de la extraordinaria actuación de Victoria de los Ángeles, y del clamoroso éxito que obtuvo, ya ha dado cuenta la crítica especializada. Al cabo de tres días, Victoria de los Ángeles emprendía viaje a París. El día antes de la partida, Victoria de los Ángeles, a las cuatro y media, me recibe en su casa, un inmenso ático, frente a la cruz de Pedralbes. Una lujosa decoración, en tonos rojos y marrones. Victoria de los Ángeles, que ha salido a recibirme al hall, *me invita a pasar a un enorme salón, donde un señor muy alto y un tanto corpulento fuma un cigarrillo, sentado en un sofá: se trata de Enrique Magriñá, su marido, un hombre jovial y simpático, que me invita a copa y cigarrillo. Apenas tomo posesión del otro sofá, de la copa y del cigarrillo, la criada reclama a Victoria de los Ángeles.* «Me perdonarás un momento, ¿verdad? Es que ha llegado la chica nueva y aún no me conoce». *Se mira en un espejo, se arregla un poco los cortos cabellos negros. Tiene cara de niña buena, educada y estudiosa, que de vez en cuando comete alguna inocente travesura y se pone colorada cuando la descubren. Su marido, entre risas, le recomienda:* «Procura mantenerte erguida y no balbucees al hablar». *Ni va encorvada ni la he oído balbucear. Misterio. Enrique Magriñá lo aclara:* «Es que la nueva chica que ahora ha llegado ha cambiado de casa porque la antigua dueña bebía». ¡Ah! *En ausencia de Victoria de los Ángeles, Enrique Magriñá me enseña la biblioteca. Una enorme estancia, con las cuatro paredes tapizadas de libros encuadernados en piel de color rojo y letras doradas.* «Y cuando se quiere oír música...». *Coge un enorme cuadro, lo empuja suavemente hacia la derecha, se desliza hacia un lado y aparece, empotrado en la pared, no una caja fuerte, sino un enorme aparato con cintas magnetofónicas y altavoces adosados. Victoria de los Ángeles regresa al salón saltando de alegría.* «¡Le he gustado! ¡Le he gustado!». *Su marido la felicita.* «Le he dicho que solo bebo agua mineral».

TIMIDEZ

Enrique Magriñá se despide. Y, dirigiéndose a Victoria de los Ángeles: «Trátala bien». *Ella ríe.* «Imagínate —*me dice*—, con lo tímida que soy. Bueno, ahora ya lo he superado mucho. Pero antes era terrible. De pequeña, en el colegio casi no tenía amigos, y no porque no me gustara tenerlos, al contrario, sufría mucho porque no sabía cómo acercarme a ellos. Era timidez, pura timidez. Y de mayor, lo mismo. Sobre todo, con los periodistas era algo horrible. Menos mal que Enrique siempre me ha ayudado mucho. Estaba en una reunión, con gente, y no abría la boca. Por eso hay muchas personas que creen que soy de una manera y luego me conocen y resulta que no soy como ellos creían. Pero, con grandes esfuerzos, lo he ido superando. Por una parte, la madurez adquirida con los años me ha ayudado en este aspecto, y por otra, me he esforzado. Por ejemplo, lo que te decía, en una reunión iba a decir algo y me lo callaba, por timidez; pero llegó un momento en que me dije: esto no puede continuar, y cuando tenía que decir algo, por mucha timidez que me entrara, hacía un gran esfuerzo y lo decía. Y poco a poco...». *Pero también tiene sus ventajas, la timidez.* «Solo una: como no abres nunca la boca te pasas la vida escuchando a los demás y aprendes muchas cosas, y adquieres, también, un gran poder de observación. Estoy muy contenta de haberla superado. Ahora, encuentro a personas que me dicen: "Pero, Victoria, ¡cómo has cambiado, pareces otra persona!". Y es que he logrado abrirme: el único camino posible para llegar a los demás y que los demás lleguen a ti».

¿QUIERE USTED LEER CONMIGO?

Victoria de los Ángeles parpadea continuamente, sonríe, junta las manos al hablar. «Me levanto tarde, a temporadas, porque me gusta acostarme tarde. No por salir. Me quedo en casa. Me gusta el silencio, y por la noche, una vez ya se han acostado los niños, me gusta hacer cosas: arreglar la casa, estudiar, estudio mucho por la noche *(al fondo del salón, el piano)*, leo... Pero claro, por cuestiones de trabajo y viajes, resulta imposible tener horarios fijos». *Tiene dos hijos (de cuatro y ocho años) y tenía entendido que perros.* «¡Oh, ya no! Tenía, sí, tres *setter* irlandeses. Primero una perra, Kundry, que tuvo cachorros y nos quedamos dos. Kundry murió, y uno de los hijos lo regalamos. Nos quedamos con el otro, Wottan. Pero entonces no teníamos servicio y con los viajes, era un problema. Lo regalamos a unos amigos que vivían en el campo. Le cambiaron el nombre: le pusieron Estrellita, y murió al cabo de cinco meses. Siempre he pensado que murió de pena». *O por el nuevo nombre. Victoria de los Ángeles goza, además de con su propio arte, con el de los demás. Le gusta la pintura, el cine, la escultura, la literatura...* «Me gusta mucho leer. Lo que lamento es no saber suficiente filosofía. He leído mucha literatura francesa: Balzac, Musset... Hace unos días, una semana antes del recital, tuve un resfriado terrible (¡el susto que me llevé!), y pasé un día y medio en la cama: leí dos novelas de Zola y lo pasé muy bien. La poesía siempre me ha gustado, es como el perfume de la literatura. Conocí a mi marido leyendo a Juan Ramón Jiménez, en la universidad. Mi padre, a quien adoraba, era bedel de la universidad, y solía acompañarle en las rondas por el edificio. Recuerdo que, a veces, me iba a leer al jardín, que ahora lo han estropeado; bueno, desde mi punto de vista, porque está lleno de coches, y antes parecía una selva en donde apenas entraba el sol. Leía libros de poesía y empezaba a cantar, allí, sola, me inventaba canciones. Después, me reunía otra vez con mi padre e íbamos a tomar café a la cantina. Un día, un camarero me dijo: "He oído decir a un estudiante que le gustas mucho y que se casará contigo". "¿Quién es?", pregunté yo muy contenta. Me lo señaló y dije: "¿Yo, con ese? Ni hablar". Iba con mi libro de Juan Ramón bajo el brazo y Enrique me dijo: "¿Lees a Juan Ramón? ¡Ven, te lo leeré!". Y empezó a recitar con un vozarrón de rapsoda... Y me contó que hacía teatro. Y mira..., me casé».

PALAU, SÍ; LICEO, NO

Nacida bajo el signo de Escorpio. Pero más bien aparenta todo lo contrario: serenidad, reflexión, dulzura, simpatía. «Leí un librito que definía las características de Escorpio, ¡y me quedé…! Soy rara, pero tanto...». *La voz de Victoria de los Ángeles, catalogada por la crítica mundial como una de las mejores cuatro voces de nuestro tiempo, se dejó oír hace pocos días en el Palau, ¿y el Liceo?* «Me gusta cantar en Barcelona y me encanta el público del Palau. La otra noche fue una de esas actuaciones en las que enseguida notas que has logrado comunicar con el público y te creces porque sientes que allí hay alguien que está gozando contigo. En cuanto al Liceo... No me gusta hablar mal del Liceo, porque allí empecé, pero la verdad es que no quiero cantar en el Liceo. Es un público que cree que el cantante de ópera tiene que esforzarse, desgañitarse, para cantar bien. Solo buscan el *pinyol*[28], aunque para lograrlo te saltes compases a la torera y desfigures la partitura. Pero eso no les importa, con tal que salga el pinyol... Un cantante no es un equilibrista de circo con el que el público disfruta viendo el peligro que corre, si se cae o no..., eso no es cantar». *Victoria de los Ángeles, en la doble orientación de su carrera, ha conseguido creaciones teatrales (Madame Butterfly, Manon, la Margarita de Fausto, la Elisa de Lohengrin...) aplaudidas en cinco continentes, y al mismo tiempo el éxito de sus recitales de lied no ha emulado al operístico. Ha destruido el prejuicio de la incompatibilidad*

---

28. *Pinyol*: el meollo de algo, el punto central, en este caso entendemos que se refiere a la nota más aguda, la más difícil, lo que se denomina el «do de pecho».

de ambos géneros. «Mira, una buena cantante de ópera a lo mejor no puede cantar un *lied*, pero una buena cantante de *lieder* seguro que es buena cantante de ópera, porque este último género requiere más imaginación artística, más cultura, más preparación».

MÉTODO

Colita, que ya está aquí para hacer las fotos, ha llegado tras de una discusión bizantina con una pregunta en los labios. ¿Qué es el arte? «Para mí no es la exhibición de un don que uno posee, en mi caso la voz, sino la exhibición de la persona, de lo que uno lleva dentro; la exhibición del ser humano a través del don que posee». *Se ha escrito mucha literatura sobre Victoria de los Ángeles y, entre otras cosas, que su arte está empapado de intuición.* «No, no, pienso mucho en lo que hago; siempre creo que no lo hago bien del todo, estudio constantemente. ¿Intuición? Claro que la tengo, como todos los españoles, que a falta de otras muchas cosas, disponemos de un carácter muy intuitivo. A veces vienen a verme cantantes jóvenes para que las oiga. Las escucho. Se desgañitan. Les digo: "¿Usted canta, en su casa, cuando friega?". "Sí", me dicen. Entonces, les digo: "Cante como lo hace cuando friega". Y lo hacen mucho mejor. Les explico que la voz, para cantar bien, no es lo más importante. Les recomiendo naturalidad y estudio, mucho estudio. Yo he estudiado canto de un modo metódico y progresivo, con libros de texto, como si hiciera el bachillerato. Nunca he sido una esclava del estudio, porque me ha gustado y me he dedicado a él con naturalidad». *Le gusta la gente joven.* «Sí, mucho. En agosto daré unos cursillos en Santiago de Compostela, aunque tengo muchos viajes, lo haré porque hay mucha gente joven que empieza y lo hace muy bien y me gustaría ayudarles. Daré Técnica vocal e Introducción a la música antigua española. Cuando voy a América me gusta cantar en universidades. Me interesan sus problemas, a veces tengo ganas de unirme a sus protestas».

REVOLUCIONARIA

«Aquí la música es casi un lujo. La ópera, entre que hay pocos buenos directores que la pongan bien en escena (yo casi no puedo ir a ver ópera, porque si no lo hacen muy bien, me da risa), y que las localidades son tan caras, se aleja cada vez más del gran público. Siempre he aceptado cobrar menos a condición de que la entrada sea más barata, a excepción de cuando se trata de una actuación para una campaña benéfica». *La última fue a beneficio de Aspanias.* «Sí, y pienso hacer más cosas en este sentido. Me indigna la situación en que se hallan los niños subnormales y los ancianos que no disponen de medios económicos. Mira, es que me salgo de mis casillas. Cada vez se hunde más al pobre y es indignante. He viajado por todo el mundo y veo que la injusticia es el pan nuestro de cada día. No hablo de política, pero cuando pienso en las injusticias sociales me siento muy revolucionaria (ponlo). Si cantando puedo hacer algo, lo haré, y recurriré a quien sea para que se apoyen estas obras benéficas. No me gusta la denominación, porque intentan resolver problemas que ya no deberían existir, pero puesto que todavía existen...». *Y empieza un acalorado diálogo con Colita, quien también se subleva: niños subnormales, huérfanos, asilos para ancianos, retiros para la vejez... Hasta que reaparece Enrique Magriñá y dice que son las diez. «¡Las diez! ¡París! ¡Mañana! ¡Las maletas!».*

22 de enero de 1972

21

ROSA CHACEL
tiempo de vida, tiempo de literatura

«Es realmente muy gordo que en plenos setenta se descubra a una escritora de primera magnitud», escribía José María Carandell en este mismo periódico hace dos o tres días, refiriéndose a Rosa Chacel. Añadía que la literatura española actual es una cosa sin Rosa Chacel, y otra muy distinta con ella, con esa autora desconocida por la mayoría de la gente (y Carandell se refería tanto al público como a la crítica). Entonaba Carandell un mea culpa que debiera ser compartido por todos quienes pretendemos interesarnos por nuestra literatura. De hecho, ya se ha empezado a compartir, desde hace algunos meses. A raíz de la noticia de la reedición de las obras de Rosa Chacel en España, en las páginas literarias de la mayor parte de las publicaciones del país, se han venido publicando notas, comentarios, pequeñas bibliografías de esta autora, y, siempre como punto final de la crónica, la misma pregunta: ¿cómo la crítica y quienes se ocupan de nuestra literatura española contemporánea ha podido olvidar, o ignorar, la obra y la personalidad literaria de Rosa Chacel? Despistes semejantes suelen suceder en el ámbito literario, o artístico en general, de cualquier parte del mundo, pero en el nuestro, acostumbra a suceder más a menudo, y sobre todo referido a nombres que, como el de Rosa Chacel, apareció públicamente durante los años anteriores a la Guerra Civil y su pista ha sido únicamente seguida por quienes se han tomado la molestia de interesarse por la producción, existencia y continuidad de estos hombres en el exilio, fuera de nuestras fronteras. Y el olvido de Rosa Chacel durante cuarenta años viene a demostrar que, lamentablemente, quienes se han interesado por los escritores que se vieron obligados a partir, han sido muy pocos. Editorial Lumen acaba de publicar Memorias de Leticia Valle; Seix Barral, Icada, Nevda, Diana *(volumen que contiene dos libros de narraciones:* Sobre el piélago *y* Ofrenda a una virgen loca, *y otros cuentos);* Edhasa, La confesión, *libro de ensayos; y* Ediciones Andorra, una reedición de La sinrazón. *En abril, aparecerán otros dos libros de Rosa Chacel:* Saturnal, *ensayos, y* Desde el amanecer, *en* Revista de Occidente, *libro que abarca las memorias de los diez primeros años de la autora. Los cuatro títulos (se trata de reediciones) acaparan estos días la atención de la crítica, cuya acogida no puede ser más favorable. Y mientras el público descubre a una «nueva escritora» española, los críticos saludan a un clásico de nuestras letras. ¿Nueva escritora? Sí, para nosotros, que tantas cosas desconocemos. Pero Rosa Chacel es un nombre que brilló ya en España, hace cuarenta años, junto con el de Rafael Alberti, Luis Cernuda, Juan Ramón Jiménez, Manuel Altolaguirre, Federico García Lorca, Vicente Aleixandre, en fin, quienes empezaron a dar forma a lo que se ha llamado «generación del 27», movimiento de tal riqueza artística, literaria, política e intelectual como no se ha vuelto a repetir.*

UNA VITALIDAD DESBORDANTE

Rosa Chacel nació en Valladolid, en 1898. Partió de España en el 37. No volvió hasta 1962, año en que pasó unos días en Madrid. Reincidió el pasado año, y hace un par de días Rosa Chacel ha vuelto. Cuatro o cinco días en Barcelona, de paso hacia Madrid, donde piensa instalarse hasta mayo o junio como mínimo. Al día siguiente de su llegada, me sorprende la voz juvenil, potente, segura de Rosa Chacel por teléfono. «Puedes venir al hotel a la hora que quieras, mañana. No, no, ¿descansar del viaje? Ni hablar, si hoy ya he pasado el día paseando por Barcelona. A la hora que quieras, yo me levanto a las seis, sí, claro, de la mañana». *No son las seis, sino las doce, cuando encuentro a Rosa Chacel, en el bar de un hotelito próximo a las Ramblas. Y ya tiene visita: Esther Tusquets, directora de editorial Lumen. Y Rosa Chacel ya está de vuelta del primer paseo del día. Cabellos blancos, mirada muy viva, habla en voz baja, con perfecto caste-llano, a pesar de tantísimos años viviendo en Sudamérica: esa es la observación que le hace la editora.* «¡Yo, perder mi acento vallisoletano! Ni hablar, aunque hubiera vivido mil años fuera...». *Muchos años alternando su vida entre Buenos Aires y Río de Janeiro, e instalada, desde hace algu-nos, definitivamente en Río.* «Esta vez he llegado por mar porque viajo con cuatro maletas y el exceso de equipaje sale carísimo en avión. Sí, he venido sola, sola». *Once días de viaje, llegada a Barcelona, soltó el equipaje y a pasear.* «Oh, desde que he llegado no he parado de andar. ¡Me gus-ta tanto Barcelona! Es una ciudad muy compleja. Y no sé qué puede pasar con ella. Te diré. Siempre, ahora igual que antes, ha andado a la cabeza del progreso, de la modernidad... Y hay tantas cosas viejas en esta ciudad, edificios tan extraordinarios... No me refiero al Barrio Gótico, a los monumentos, no, hablo de esas calles antiguas, esos portales y edificios tan hermosos, esa arquitectura perfecta, la piedra noble de los edificios. ¿Cómo podrá Barcelona seguir creciendo con la modernidad que siempre la ha caracterizado y, al mismo tiempo, conservar la belleza de esta parte vieja? Sería una pena destruir una sola piedra». *Pues se destruyen muchas. Esther Tusquets cuenta que de los edificios que salían en el libro sobre el Modernismo que editó hace pocos años, ya han sido derruidos más de las tres cuartas partes.* «¡Qué horror!». *Durante sus largos paseos, Rosa Chacel ha podido ver sus libros, reeditados, en las librerías, y durante los últimos meses, le llegaban a Río cartas y más cartas de sus amigos residentes en España acompañadas de recortes de prensa, críticas, comentarios... Menea la cabeza.* «Es tan extraordinario... La verdad es que no me atrevo a creerlo. Yo siempre le decía a Timo, mi marido, que un día los jóvenes empezarían a leerme, y comprenderían mis libros...». *José María Carandell, que ha llegado para comer con Rosa, insiste en que* «lo que ha sucedido con usted es muy grave». *Rosa Chacel, sabia, se ríe.* «Lo fantástico es que haya sucedido ahora, cuando aún puedo presenciarlo... Hubiera podido suceder dentro de ciento cincuenta años».

UNA LARGA E INCOMPLETA OBRA, UNA LARGA E INCOMPLETA VIDA

Ya lo hemos dicho, nació en Valladolid, 1898. A los nueve años, su familia se instaló en Madrid. Fue discípula de Ortega... «¡No, no! Yo nunca he estudiado con nadie, solo con mi madre. Ni siquiera fui al colegio. Durante tres meses me llevaron a un colegio de monjas, y el médico dijo que me sacaran, que era malo para mí. ¿Mi familia? Mi madre era sobrina de Zorrilla, una mujer cultísima, cantaba de maravilla y tocaba el piano. Mi padre era hijo de militar, y también él empezó esta carrera. Pero cuando murió mi abuelo, lo dejó. Leía muchísimo y escribía maravillosamente. Él me enseñó a escribir y de él aprendí literatura. Cuando estaba enferma, mi madre se sentaba al piano y me cantaba óperas de Verdi, y con mi padre me escenificaban los dramas de Zorrilla». *Se ríe. Ya en Madrid, estudió en la Escuela de Bellas Artes (escultura), y se casó con el pintor Timoteo Pérez Rubio, que fue subdirector del Museo de Arte Moderno.* «Nos fuimos a Roma. Estábamos en la Academia de España. Volvimos en el 27. En el 30 publiqué *Estación de ida y vuelta*. Pues mira, yo hice en esta novela con Ortega lo que Sartre en *La náusea* con Heidegger. Es, sencillamente, un hombre que vive una filosofía». *Dentro de unos meses se reeditará en España.* «Después, en mayo del 36, publiqué *A la orilla de un pozo*, treinta sonetos. Sí, sonetos. Me formé dentro de los cánones de la poesía clásica (aunque la mía no tenía nada que ver con Zorrilla), y no podía desprenderme de ese tipo de poesía. Pensé que debía escribir poemas que guardaran perfectamente el corte clásico, pero de realización

235

automática. Me salió algo tan alocado que mi hermana, que me los copiaba a máquina, me dijo: "Rosa, eso que escribes me da miedo". Después no he vuelto a escribir poesía, bueno, muy poca. Quizá algún día recopile todos mis poemas, pero no sé, no sé... En todo caso con un prólogo explicativo y dedicados a Sor Juana Inés, como un homenaje, y explicando eso que tanto se le ha criticado: hacer poesía circunstancial, partiendo de una circunstancia. Cosa nada criticable en ella, ya que elevaba de tal modo el hecho circunstancial, lo convertía en algo tan extraordinario... Los sonetos los escribía mientras trabajaba en *Teresa*». *(Biografía de Teresa, la amante de Espronceda)*. «Iba a salir en Calpe, pero...». *Guerra Civil. París, Grecia, Suiza, Río de Janeiro, Buenos Aires, Nueva York, Río de nuevo.* «*Teresa* se publicó en Buenos Aires, en el 41, y en España, en 1963, en Aguilar. En el 46, publiqué *Memorias de Leticia Valle*; *Sobre el piélago*, en el 51; *La sinrazón*, en el 60, mientras estaba en Nueva York...».

LA FALTA DE TIEMPO: SU OBSESIÓN

Y ahora está aquí, en un restaurante de Barcelona, comiendo un menú cuidadosamente elegido para el régimen... Bueno, esta ha sido su primera intención, pero ha optado por salsas picantes, suculentos platos y un enorme helado para terminar. «Me he saltado el régimen, pero no debería hacerlo. No, no tengo nada, pero el médico me aconseja que no engorde. Debo cuidarme, porque me faltan quince años. Necesito trabajar durante quince años más, de lo contrario no escribiré todo lo que quiero escribir». *No crea el lector que ha regresado a España para pasear únicamente. No.* «Ahora, cuando me haya instalado en Madrid, voy a ver si doy un buen paso y adelanto mi autobiografía». *Cuatro novelas en preparación, y la autobiografía, en tres volúmenes.* «Por eso digo que necesito estar en forma física durante quince años más. El primer tomo de la autobiografía se titula *Barrio de Maravillas*, abarca hasta los quince años. El segundo, *Escuela de Platón*, es la adolescencia y juventud: el año 18, cuando debido a la Revolución rusa llegaron a España muchos extranjeros que influyeron en nuestro modo de pensar y ver las cosas. Y el tercer tomo se titula *Ciencias naturales*, o sea las de la experiencia: el desengaño de tantas y tantas cosas, el exilio, la vejez...». *Otro paseo, de regreso al hotel donde Rosa Chacel tiene una cita. Entre anécdotas sobre Cernuda, su gran amigo de otros tiempos, Juan Ramón, los Alberti... Comentarios sobre todo cuanto ve a su paso: casas, gentes, escaparates de libros, de ropas, de...* «¡Cómo me gustan estas panaderías! ¡Huelen tan bien! Si no fuera por el régimen... Hace tiempo que no pruebo el pan, debo cuidarme, necesito quince años más, como mínimo...». *Seguro que dispone de quince años por delante, y de más. Solo hay que ver cómo anda, incansable, y a un ritmo que cuesta seguir, de modo que, al despedirnos en la entrada del hotel, uno resopla, pero no ella, que nos propone ir al cine después de cenar.* «¡Es mi vicio! ¡Voy todos los días!».

5 de febrero de 1972

237

22

QUINO
el mundo visto con los ojos de una niña

Quino, el creador de Mafalda, *llegó a España, hace pocos días, de paso hacia Londres, Finlandia, Suiza, Alemania y norte de Europa. Estuvo en Madrid, y después llegó a Barcelona. Coincidió, aquí, con el Día del Libro, hecho que truncó un poco los planes de Quino, que se había propuesto realizar un viaje únicamente turístico y nada profesional. Se anunció un coloquio en el Drugstore entre Quino, Perich y Cesc[29], con José María Castellet de mantenedor, pero no llegó a celebrarse por causas ajenas «a la voluntad de la empresa». Quino, en esta ocasión, sonrió tímidamente, se encogió de hombros, medio aliviado, porque le aterrorizaba el proyecto de tener que hablar en público, y medio apenado porque, según dijo, admira mucho a Perich y a Cesc y le encantaba el proyecto del coloquio con ambos humoristas.* «Además, estoy muy agradecido a este público de acá, que tan bien ha acogido a *Mafalda*».

---

29. Cesc: Francesc Vila Rufas, Cesc, fue un dibujante y pintor, uno de los grandes referentes del humor gráfico catalán del siglo XX. Trabajó para las más importantes revistas españolas de este ámbito y llegó a convertirse en un agudo cronista gráfico de la sociedad catalana del franquismo, así como de la transición política a la democracia.

EL GÉNERO MINORITARIO MÁS MAYORITARIO

Llegaron noticias desde Madrid: Quino no recibía a la prensa, se negaba a conceder entrevistas. El conserje del hotel donde se hospedaba contestaba las llamadas telefónicas: «El señor Quino ha salido a primerísima hora y no volverá hasta muy tarde». *¿Orgulloso? ¿Quería estar tranquilo, que lo dejaran en paz? En el aeropuerto con Esther Tusquets, su editora aquí, donde Quino, su esposa y sus hermanos, están a punto de partir hacia Londres, se ríe, tapándose la boca con la mano, y se ruboriza un poco.* «No, nada tengo contra la prensa, todo lo contrario. Pero me intimida que me pregunten, que me presenten como una gran cosa, un hombre importante que hace cosas importantes. Me trabuco la lengua, se me queda la mente en blanco, soy muy tímido. Además, estos días, es cierto que no paraba un momento en el hotel. Salíamos muy de mañana, con mi mujer y mis hermanos, y dábamos vueltas todo el día, primero por Madrid, después por Barcelona. Me encanta este viaje, aquí, en Europa, todo es viejo. En Argentina, lo más viejo cuenta con doscientos años, y, encima, lo derruyen. No valen protestas de intelectuales y artistas ni nada, ¡solo lo nuevo, lo nuevo! Pero no es cierto que no quisiera conceder entrevistas, es que si pasaba el día con los periodistas me iba de aquí sin poder ver nada». *Tiene toda la razón. Comentamos una entrevista en televisión, donde el apuesto, rápido y lúcido José María Íñigo le preguntaba a Quino si en lugar de haber creado* Mafalda, *que tiene un público tan minoritario formado por intelectuales, no hubiera preferido trabajar en algo que le permitiera abarcar un público* *más extenso. ¡Ochocientos mil ejemplares de* Mafalda *lleva vendidos Quino solo en lengua castellana! ¡Cuántos intelectuales!*

UNA VIEJA ENANA

Aquí, en España, Mafalda *no es apta para menores de dieciocho años, sin embargo, en Argentina y en otros países,* Mafalda *cuenta con el fervor de un público muy adicto: el infantil.* «Pues sí, yo creo que a los niños les gusta y se divierten con *Mafalda.*

Dicen que los niños no son así, que Mafalda es una vieja enana, resabiada. No lo creo, al empezar a crear las tiras, se me ocurrió meterme en la piel de una niña que, en la escuela y en casa sus padres, le enseñan que hay que ser buena persona, no pegar, no matar, no robar, ser moral, etcétera, una niña que ve el noticiero en televisión, y todo el mundo le dice y le inculca cosas e ideas que luego no sirven para nada. Dicen que Mafalda no es una niña normal... Bueno, yo creo que sí. No tengo hijos, pero sí he tenido experiencias con hijos de familiares y amigos. Recuerdo que, en una ocasión, unos amigos nuestros tenían que salir por la noche y nos dejaron a su hijita. Bueno, la que armó la criatura. No se quería quedar, quería salir con sus padres. Los padres intentaban hacerla entrar en razón diciéndole: estás en edad de quedarte a dormir por la noche, no de salir. Nosotros somos mayores, por eso podemos salir, ya te llegará a ti también la edad. Y la niña se plantó y dijo: "Muy bien, ya entiendo. Pero cuando yo empiece a salir y ustedes, ya más viejos, empiecen a quedarse, espero que no vayan a protestar».

ENTRE SCHULZ Y «DAGWOOD»

«*Mafalda* nació hace ocho años... Me llaman de una agencia publicitaria y me dicen: "Hay que hacer una tira para una fábrica de electrodomésticos, una tira mezcla de *Peanut's* y Dagwood[30]". Mis tiras no tenían nada que ver con los electrodomésticos, solo que, en el caso, por ejemplo, de que una mamá abriera un frigorífico, el frigorífico llevara la marca de la empresa. La idea de aquella gente era ir a los periódicos y ofrecerles gratis las tiras, pero en los periódicos les dijeron que tal cosa significaría hacerles publicidad y que la publicidad se paga con dinero. Me quedé con la historieta: un matrimonio con dos hijos. Poco a poco, el dibujo fue cambiando. Al principio no tenía ni idea de cómo sería esa nena, porque nunca había hecho historietas con un solo personaje. Un día me llaman de una revista, me piden que les muestre algo mío, les llevo las tiras, y empiezan a salir en un semanario: dos tiras por semana, durante seis meses en *Primera Plana*[31]. Después pasé a *El Mundo*[32], y a

---

30. *Peanut's* y Dagwood: la primera es la tira cómica creada en los años cincuenta por Charles M. Schulz, cuyos personajes principales son Snoopy, Charlie Brown y el pájaro amarillo Woodstock. Dagwood es el simplón padre de familia y personaje principal de la tira cómica estadounidense *Blondie*, creada en los años treinta por Chic Young, cuyo éxito dio lugar a programas de radio, películas y una serie de televisión.
31. *Primera Plana. La Revista de Actualidad Mejor Informada*, aparecida en Buenos Aires en 1962, se convirtió en un fenómeno cultural masivo. Despareció en 1973.
32. *El Mundo*: diario matutino argentino editado en Buenos Aires desde 1928, ya desaparecido.

los tres años de trabajar allí quebró y se fue al demonio. Tras estos tres años de colaborar en periódicos me di cuenta de lo que había creado e intenté separarme de Schulz, aunque su influencia sobre lo que hago sigue notándose, sobre todo en algunos recursos gráficos a los que recurro. Al año de publicar *Mafalda* en revistas y periódicos empecé a notar que la gente seguía las historietas. Por ejemplo, iba a un banco, y descubría que una chica, en la mesa de la oficina, recortaba la tira del periódico y la guardaba. Un editor me pidió las historietas para un libro. Salió y en dos días se agotaron los cinco mil ejemplares. Desde el 68 publico en *Siete Días*[33], cuatro tiras por semana».

MAFALDA, LECTORA DEL CHE

Ha hablado de Schulz como modelo para su creación. Pero entre Charlie Brown, las neurosis de Linus y las histerias que dominan a los personajes de Schulz, y la sensata afición a ganar dinero de Manolito, el amor hogareño de Susanita y las sanas protestas de Mafalda, hay mucha diferencia. «Claro, la que hay entre Latinoamérica y Estados Unidos. Los problemas de Latinoamérica son tan distintos a los de Norteamérica que, aunque quieras llega un momento en que no puedes ser como Schulz». *Se pasa la mano por la frente, ancha.* «Yo diría, para establecer diferencias, que Mafalda lee al Che, y Charlie Brown a Freud». *Cuatro tiras por semana. Quino no se gasta demasiado. No tiene ayudantes. Él, solo*

---

33. *Siete Días Ilustrados*: semanario argentino creado en 1967.

él, interviene en las tiras. Cada vez que un personaje sale en la historieta lo dibuja de nuevo: sin calcos, sin fondos ya realizados. «A veces pienso que pronto voy a matar a Mafalda. A medida que va pasando el tiempo, me queda menos libertad. Quería inventarme una abuelita, igual que de repente hice nacerle un hermanito a Mafalda, pero creo que ya es tarde para introducir un nuevo personaje. Además, solo sé jugar con elementos que conozca de verdad y nunca he vivido con una persona anciana, me saldría falsa, creo. Una vez dibujé un torero que mata al toro con la montera puesta. Recibí varias cartas diciéndome que los toreros se quitan la montera antes de entrar a matar. Desde entonces tengo mucho miedo a meter la pata. En Chile me dijeron: "¿Y por qué Mafalda nunca habla de los problemas del proletariado?". Quizá tengan razón en lamentarlo, pero no conozco a fondo esta clase social y metería la pata, seguro». *Quino no se llama Quino.* «Pero me enteré a los cinco años, cuando fui a la escuela, allí me dijeron que me llamaba Joaquín Salvador Lavado. Nací en Mendoza, en la frontera con Chile, al pie de la cordillera. En Buenos Aires extrañé mucho la cordillera, no saben ustedes qué tienen aquí: el mar y muy cerca la montaña, es maravilloso. Estudié Bellas Artes, pero me cansé de dibujar jarrones, modelos y perspectivas. A los siete u ocho años, había decidido ser humorista y de ahí no me sacaba nadie. Tenía un tío publicitario, y de chico tuve acceso a los colores, los pinceles. En Argentina, Buenos Aires es un pulpo que te arrastra y quien quiera hacer algo tiene que ir a morir..., digo, a vivir allí. Así que a los dieciocho años me fui a Buenos Aires. Recorrí todas las revistas, me rebotaron, volví a Mendoza, hice el servicio militar, y volví a Buenos Aires. Otra vez recorrí todas las revistas y sobreviví gracias a la ayuda de mi hermano, hasta que empecé a publicar». *Quino viste una chaqueta negra de cuero, pantalón y jersey gris. Su esposa lamenta que solo tiene lo que lleva puesto y que ha intentado arrastrarlo de compras, pero no ha habido modo.* «Es que no encuentro pantalón a mi medida». *Es un despistado. Su esposa le tiene que advertir que se enfría el café, que no le ha puesto azúcar, que no ha desayunado.*

ENFERMO Y ANGUSTIADO

«Me enteré de que, en un colegio, las monjas recomendaban a las alumnas la lectura de *Mafalda* porque, decían ellas, era una familia muy cristiana». *Quino, en Barcelona, se indispuso.* «Sí, pero ya me siento mejor. Tuve una indisposición intestinal terrible. Sí. Al visitar el Parque Güell y el Museo Picasso, no sé si fue la emoción, o la envidia de ver que Picasso, de joven, ya era lo que quería ser: un genio. En cambio, yo quería ser humorista y lo he sido, pero después, cuando alcancé cierto éxito, quise ser un gran pintor, y ya, nada, sigo con mis tiras. Es el eterno complejo de inferioridad de los argentinos, y de los latinoamericanos en general, respecto a Europa. Cuando me dice mi agente: oye Quino, que publican *Mafalda* en Alemania, me echo a temblar pensando, ¿qué pensarán en Europa de mis porquerías? Es complejo de inferioridad, claro». *Está nervioso.* «Muy angustiado». *¿Tendrá terror al avión?* «No, pero ni mi mujer ni mis hermanos hablan inglés, solo yo sé un poquito, y no sé cómo me las voy a arreglar en Londres». *La esposa y los hermanos aseguran que son manías suyas, que va a poder entenderse perfectamente.*

247

Pero Quino sigue negando con la cabeza. «Será horrible, he sufrido pesadillas durante toda la noche. Estaba yo hablando y veo frente a mí una gran piedra llena de inscripciones, como la que vimos ayer en el Museo Románico». *Y ya tiene que marcharse. Su mujer le pregunta por el pasaporte, por tales papeles, si se ha olvidado algo... Y antes de despedirse:* «Di que Chumy Chúmez me parece el mejor humorista del mundo, jamás había visto a alguien capaz de decir las cosas que dice y sin parecerse a nadie».

6 de mayo de 1972

23

ROMÁN GUBERN

el intelectual del cómic

Román Gubern, ausente del país durante un año, ha regresado a Barcelona tras su estancia en Estados Unidos dedicada al estudio de los mass media *(en el Instituto de Tecnología de Massachusetts). Autor de varios libros:* La televisión *(1966),* Godard polémico *(Tusquets Editores, Barcelona, y editado actualmente en Francia),* Historia del cine *(Editorial Lumen, Barcelona, y traducido al italiano),* McCarthy contra Hollywood: la caza de brujas *(Editorial Anagrama). Colaborador en varias revistas nacionales y extranjeras, su regreso ha coincidido con la publicación de un nuevo libro:* El lenguaje de los cómics *(Ediciones Península). ¿Crítico cinematográfico? ¿Ensayista? ¿Sociólogo? ¿Cineasta?... Román Gubern se sonríe y se presenta:* «Humanista de este neorrenacimiento».

Pero sus primeras actividades como crítico, como escritor, se centraron en el cine. «Sí, en el cine entendido tradicionalmente, es decir, un espectáculo comunitario en una sala grande. Pero hoy en día cine es televisión, vídeo, etc. La comunicación visual, actualmente, ha encontrado muchos medios de expresión. La aparición o utilización masiva de estos otros medios es la causa del desplazamiento de mi interés por el cine. En Hollywood, la Metro producía ochocientas películas al año, hoy en día no llegan a cien; pero, por el contrario, la Kodak, por ejemplo, revela más material fotográfico que nunca; he visto, en las universidades norteamericanas, que los alumnos graban las clases en cinta magnetofónica, los exámenes se realizan por vídeo, etc. Al mismo tiempo que Chomsky descubre las leyes universales del lenguaje, también se han descubierto y estudiado las leyes del lenguaje visual. El estudio de la formación de las estructuras universales del lenguaje icónico resulta de gran interés para la comprensión de las artes basadas en la comunicación visual, ya sea el cine, el cómic, la televisión...».

Voz baja, mirada fija en la puerta de la cafetería donde nos encontramos, media sonrisa entre amarga y socarrona. «Tenía una reunión en la escuela Eina[34]». *Ya no llega. Seguimos.* «Fíjate que el primer plano cinematográfico, cuando Griffith lo descubrió, no se entendía. Lo prohibieron. (Él fotografió al personaje de cuerpo entero, pero con el cuerpo cubierto por una tela blanca que únicamente dejaba la cabeza al descubierto). Se lo prohibieron, claro, porque entonces no se comprendía. Hoy día un niño americano, o de cualquier otro país, desde que nace está tan habituado al lenguaje de la televisión que sin darse cuenta recibe una educación visual que el adulto de hace treinta años no poseía». *Chomsky, Marcuse, McLuhan...* «Estoy muy de acuerdo con la frase "el arte tiene que recrear la percepción". Un ejemplo, en los cómics: un tipo recibe un puñetazo y aparecen estrellitas dibujadas saliendo de la cabeza. Esto proviene de la forma verbal "me di un golpe que me hizo ver las estrellas". Cuando el pato Donald padece de algún enamoramiento se le dibujan una serie de corazonci-

---

34. Escuela Eina: Centro Universitario de Diseño y Arte de Barcelona, llamada anteriormente Eina, Escuela de Diseño y Arte. Es un centro universitario privado fundado en el año 1967 en Barcelona, una de las primeras escuelas de diseño de España. Desde 1994, es un centro adscrito a la Universidad Autónoma de Barcelona.

tos saliéndole del pecho, es una representación del tabú de censura típico de la cultura occidental cristiana».

TRES SOLUCIONES, TRES

«Nací en Barcelona. Mi familia paterna era republicana, la materna monárquica: no creo que tenga ninguna importancia, pero quizá originó algún conflicto. Pasé la Guerra Civil en Francia y en Italia. Me eduqué con los jesuitas, quienes me dieron una formación represiva, como a todos, claro. Después estudié Derecho, por inercia. Terminé la carrera sin que me interesara. Mi primera actividad pública fue la de director del cineclub del Seu[35]. Pasé un año en París. Regresé a Barcelona. Me quedé. Vivir aquí es un acto de masoquismo. La vida cotidiana aquí es mucho más alienadora que en Las Vegas, por ejemplo. Creo que estos años setenta son importantes para la gente de nuestra generación porque, inevitablemente, nos estamos definiendo, es decir, estamos tomando una actitud vital. Creo que teníamos tres soluciones: integrarnos, suicidarnos o emigrar. No caben otras posibilidades y nos estamos definiendo en uno de estos tres caminos. Cuando sales y vives fuera te das cuenta de muchas cosas: creo que aquí, en nuestro país, hay gente con un gran potencial, que valen y pueden hacer cosas, pero la vida que llevan se lo impide. El trabajo que he hecho aho-

---

35. Cineclub del Seu: en 1969 se inscribió el Cineclub de La Seu d'Urgell en la Federación Nacional de Cineclubes. Más allá de la proyección de películas de calidad y de importación, el centro tenía una función cívica y social, fomentando el debate y la discusión.

ra en Estados Unidos aquí jamás hubiera podido realizarlo. Allí uno cuenta con gente con quien hablar y consultar, con bibliotecas, centros; la vida tranquila en un campus universitario dedicada a tu trabajo, sin tener que dispersarte entre artículos, coloquios, clases, y la actividad a la que deseas dedicarte. La vida del intelectual, aquí, es una esquizofrenia continua. He echado de menos Barcelona, las Ramblas, mis amigos, pero el país no».

LA TIERRA DE CANAÁN

«Lo ideal sería ser muy rico y poder viajar continuamente. Es lo que me gustaría». *¿A quién no?* «Siempre me han interesado esas figuras como George Sand, o generaciones como la americana que recorría Europa en los años veinte: Dos Passos, Fitzgerald, Hemingway. O la juventud americana actual que deambula por Europa o California. Son gentes que obedecen a un movimiento bíblico, buscar la tierra de Canaán, huir de un mundo, de una sociedad en la que no se integran. En esto estoy de acuerdo con Marcuse cuando habla de los psiquiatras como representantes de una función reaccionaria: intentan que la gente que huye en lugar de entregarse a esa fuga se integre en la sociedad de la que huye, a la que rechaza. En lugar de cambiar la sociedad buscan que estos personajes se inserten en ella». *La juventud, la droga, la religión...* «En los campus un ochenta por ciento de la juventud fumaba marihuana. Allí se ofrecen un cigarrillo como aquí un café o un Ducados. En estos momentos, en Estados Unidos está a punto de legalizarse la marihuana. Claro que los médicos se oponen, no porque sea perniciosa, sino por el carácter prohibido que la acompaña, lo cual constituye un incentivo para la juventud. Los médicos aseguran que si se legaliza la marihuana entonces la gente buscará heroína u otras drogas. Sí, claro, solo fuman determinados estamentos, los que están en desacuerdo con la sociedad en la que no desean integrarse. Un ejecutivo, por ejemplo, que vive muy de acuerdo con el *stablishment*, no se droga. Ahora bien, la juventud, que allí constituye una clase social, sí. Es curiosa, allí las formas de respuesta de la juventud pueden llegar a ser incluso pintorescas para nosotros. Por descubrir al hombre, la fraternidad, etc. Incluso llega a ser agresiva. Por ejemplo: la religión. En Europa, para nuestros jóvenes, ampararse en la religión como medida de protesta resulta inconcebible por la razón de que aquí la religión siempre ha sido represiva; en cambio, para los jóvenes estadounidenses representan un ejemplo los Children of God, uno de sus lemas es la frase de san Lucas: "Si uno no es capaz de odiar a su padre o a su madre, no puede ser mi discípulo". Ahora bien, en general, toda esta religiosidad es un poco Disney en el fondo: los pobres, la fraternidad, que todo el mundo se quiera mucho con todo el mundo, etc.».

UN ESPAÑOL EN AMÉRICA

«Pienso quedarme porque quiero llevar a cabo varios trabajos aquí. Pero lo ideal, ya te lo dije, sería…». *Sí, ser muy rico y viajar constantemente.* «He trabajado muchísimo allí, tranquilo y bien. Es un país interesantísimo a muchos niveles. Los jóvenes europeos admiran a la juventud americana y viceversa. El europeo admira a Bogart... El americano a Sartre, Giotto... Tienen el mito de la cultura con mayúscula, los museos... Cosa absurda ya que no poseen los mejores del mundo, pero para ellos París, además del Louvre, son las piedras de París, Modigliani, el existencialismo, etc. Cuando les decía que era español se quedaban muy impresionados: para ellos el español significaba Goya, Buñuel, Picasso. No, no, eso que dicen de que el cine ha dado una visión falsa de la vida y las ciudades estadounidenses es mentira. Llegué allí y resulta que Nueva York es una ciudad más familiar que Madrid, debido a las películas que hemos visto, los libros que hemos leído». *Se queda pensativo, sonríe.* «Fíjate, al llegar hice escala en Londres. Fui al lavabo, y al tirar de la cadena resulta que no funcionaba. Me quedé sorprendido. ¿Qué sucede?, pensé. Ah, claro, me dije, ya he llegado a Europa. Durante un año, en Estados Unidos jamás me encontré con que no funcionara la cadena de un váter, o algo por el estilo. No, no es cuestión de que la gente trabaje mejor o peor, valga más o menos, es esa cosa de *anar fent*[36], de cierta indiferencia, de un determinado cansancio». *Ya no llega a la reunión a la que debía asistir pero, de todos modos, hay prisa.* El lenguaje de los cómics, *su último libro.* «Nació a base de conversaciones con Enric Sió[37]. Creo que es el primer libro que estudia el lenguaje del cómic, de un modo global. Existían libros que trataban el problema psicológico del cómic, de su mitología, etc., pero no del lenguaje del

---

36. *Anar fent*: aguantar, ir tirando.
37. Enric Sió i Guardiola (1942-1998) fue un historietista, ilustrador, fotógrafo y publicista español. Junto con otros autores de su misma generación, impulsó la renovación del cómic español.

cómic». *La crisis del cómic.* «Mira, en Estados Unidos subes al metro y preguntas a cualquier personaje: "¿Qué le ha sucedido hoy a *Li'l Abner*[38]?" y te dicen: "pues ha subido a un árbol y ha cogido una manzana", o lo que sea. Todos los periódicos publican cómics, y todo el mundo, absolutamente todo el mundo, los lee. No, no, ni diferencia de clases ni de edades. En Europa el cómic sí está en crisis por la razón de que se ha intelectualizado. Aquí el público de cómic son los intelectuales o los niños, únicamente; ha sido un fenómeno ficticio, una moda impuesta por una clase intelectual».

3 de junio de 1972

---

38. *Li'l Abner*: tira cómica estadounidense que cuenta las vivencias de una familia rural en Kentucky. Fue creada por el dibujante Al Capp en 1934 y existió durante cuarenta y tres años. Era leída diariamente por millones de personas. En España no tuvo mucho éxito.

257

24

MAX AUB
o cómo sobrevivir a la barbarie

Max Aub, uno de los «grandes» de la literatura española contemporánea, nacido en París, en 1902, de padre alemán y madre francesa. Residió en Valencia, desde los doce años, y más tarde en Madrid (donde tomó contacto con los escritores, pintores e intelectuales de la generación del 27) hasta el 39, año en que abandonó España. Poeta, dramaturgo, novelista, ensayista, su obra es tan extensa y tan variada que reseñarla en su totalidad equivaldría a ocupar la presente página. En su época juvenil publicó dos libros de prosas líricas: Geografía y Fábula verde, *más tarde, en 1934 publicó una novela romántica,* Vida y obra de Luis Álvarez Petraña, *en la que relata la historia de un suicida: un escritor inexistente, cuya vida y obra Max Aub inventa. Antes de partir de España, Max Aub se dedicó intensamente a la producción teatral: de dicha época datan, entre otras, dos obras:* Espejo de avaricia *y* San Juan. *Tras salir del país, vivió en Francia una amarga odisea de refugiado que le llevó a pasar tres años en las cárceles y los campos de concentración durante la Segunda Guerra Mundial. A fines de 1942 logra trasladarse a México, donde fija su residencia y prosigue con su producción literaria, producción ininterrumpida hasta hoy. Ya en el exilio, escribe un ciclo novelesco sobre la Guerra Civil que lleva por título* El laberinto mágico, *compuesto por varios libros:* Campo abierto, Campo cerrado, Campo de sangre, Campo del moro, Campo de los almendros,

Campo francés *(de próxima publicación por Editorial Aguilar, en México). Hace un par de años, Max Aub regresó a España, por primera vez desde su exilio, y desde entonces las editoriales del país han llenado el mercado con reediciones de sus novelas, obras inéditas y recientes:* La calle de Valverde *(donde el autor relata el Madrid de la época de Primo de Rivera),* Antología traducida *(recopilación de textos pertenecientes a poetas inexistentes que Max Aub crea)* —*ambas en Seix Barral*—, Las buenas intenciones *(Alianza Editorial) y* Crímenes ejemplares, *editada por Lumen, así como* Josep Torres Campalans, *quizá una de las mejores novelas de Max Aub, en la que reconstruye, magistralmente, el ambiente intelectual y artístico catalán y parisiense de principios de siglo.*

AL PIE DEL CAÑÓN

Recientemente, Max Aub ha regresado a España. Una breve estancia en Barcelona. En el hotel, un par de horas antes de partir hacia el aeropuerto, Max Aub, con su esposa y su nieto. «Mi vida es muy tranquila ahora en México. Horarios fijos de trabajo, calma, sosiego. Me levanto temprano. Después llega mi secretaria, y a trabajar. Como, tomo mi café, y por la tarde de nuevo al trabajo con mi otra secretaria. Trabajo, mucho trabajo y calma. Naturalmente, esto en México, donde tengo mi casa, con mis costumbres establecidas por la edad. No cambia uno de costumbres como de camisa, pero con los años no queda más remedio que cambiar algunas. Cuando viajo, naturalmente, todas mis costumbres se trastocan. He viajado mucho durante toda mi vida: rejuvenece y por lo tanto todavía me gusta hacerlo. Pero, claro, viajar trastorna horarios y costumbres. Por ejemplo, en México me levanto a las siete o siete y media, y en Madrid a las diez. México y Madrid se parecen solo en un aspecto: en lo tarde que cena la gente que no tiene nada que hacer». *Solícito, encarga bebidas, nos presenta a su nieto, un joven de unos diecinueve años. ¿Escribe?* «¡No! ¡No! ¡Mi nieto no, que se salve!». *Consulta de su esposa respecto al equipaje, los pasajes...* «Tengo tantas costumbres como lugares donde duermo y quizá por lo mismo escribo libros tan distintos. Porque no se puede escribir el mismo libro levantándose a las ocho que a las doce. Por eso creo que este viaje lo he hecho huyendo un poco del "Buñuel" (libro en el que trabajo actualmente), novela que escribo cuando me levanto a las siete y media de la mañana (desde hace cuatro años) y que, levantándome aquí a las nueve o a las diez, no escribo».

BUÑUEL, NOVELA[39]

Ya hemos dicho anteriormente que la obra de Max Aub es extensísima. Bien, si continúa con la vitalidad que demuestra tener hoy, a los setenta años, será interminable. «El "Buñuel" es una biografía, evidentemente se trata de una novela y así lo titulo: *Buñuel, novela.* Es una historia de

---

39. *Luís Buñuel, novela*: proyecto literario que se publicó póstumamente, tras reunir el material que dejó el autor de las conversaciones mantenidas con Buñuel y con otras personas cercanas al director de cine. Existen tres ediciones de este material: Aguilar (1984), Cuadernos del Vigía (2013) y Prensas de la Universidad de Zaragoza (2020).

nuestra generación, generación absurdamente llamada del 27. En todo caso, si quieren llamarla de algún modo, creo que deberían llamarla generación del 28.

Sí, sí, del 28, no es un capricho, lo digo por la película de Buñuel *El perro andaluz*; mejor tomar el título en plural (perros andaluces), porque los andaluces son los que han dado a esta generación el color andaluz (del que por cierto carece la película): Lorca, Cernuda, Alberti, Salinas, Guillén. *Buñuel, novela*, además de una historia de nuestra generación, es una historia de las ideas estéticas que influyeron en nosotros. A mí no me importa nada, no me interesa *Un perro andaluz*, la película, pero sí me interesa en cambio cómo y por qué Buñuel la hace y cómo y por qué es capaz de hacerla. Se trata de una mezcla de la realidad y el deseo (como diría Cernuda) y, en el fondo, todos los de nuestra generación hemos hecho lo mismo. Lo mismo en Buñuel que en mí puede hallarse, y de hecho se halla, una secuela del surrealismo. Nosotros nos formamos en el surrealismo, en un siglo donde ha imperado la discontinuidad, tanto en arte como en cine, como en cualquier otra manifestación de tipo intelectual. Por eso creo que el cine y el *jazz* son la manifestación artística que mejor dan la imagen de nuestro siglo: por esa discontinuidad. Hacemos las cosas a golpes. No existe arte en el siglo XX que no sea discontinuidad y si lo hay, no es arte. El gran acierto del cubismo fue haberlo intuido. Partimos del dadaísmo (del cero, según Tzara) y ahí habría que buscar el nacimiento del siglo XX y de todo el cine de Buñuel (aquí habría que hablar también de la bomba atómica, de Einstein, de Freud). Quiero ver hasta dónde puedo llegar por ese lado. No he desintegrado las películas de Buñuel, pero sí las he psicoanalizado. Buñuel es el ser más mentiroso que ha existido jamás. Que conste que llamarle mentiroso no significa hablar mal de él, ni insultarlo, no, no, todo lo contrario, es un elogio».

LA EVOLUCIÓN DEL GÉNERO

Tal como habla de Buñuel, novela, *recuerda una de sus novelas:* Josep Torres Campalans. *¿Novela? ¿Biografía de un artista, historia de unas ideas estéticas?* Max Aub, *poeta, novelista, dramaturgo, ensayista, mezcla en las obras citadas todos los géneros. Esta mezcla de géneros dentro de la novela, ¿puede constituir un camino para la evolución del género novelístico?* «¿Evolución del género? Yo creo que se trata más bien de una confusión del género. La confusión es el signo de nuestro tiempo». *Max Aub, a pesar de haber permanecido tantos años alejado del país, está al día —quizá más que cualquier otro escritor o crítico que viva aquí— respecto a lo que se escribe, se publica y surge en España.* «¿Cómo veo la novela, y la literatura en general aquí? El panorama es bastante negro, la verdad. La veo mal, como en el resto del mundo. Mira, hay demasiadas cosas para distraerse hoy en día. Gentes trabajadoras, como Mario Vargas Llosa, por ejemplo, hay poca. Hoy, a la gente le gusta demasiado el fútbol, la televisión, ya no hay tertulias, no se toma café. Sí, sí, tomar café fue importante para la novela del siglo XIX, tomar café, hacer tertulia, hablar. Hoy solo hay diversiones, *drugstores*. ¿Quién lee hoy los poemas de los demás? Hoy la gente baila, bebe, mira la televisión: no hay tiempo para escribir. Cuesta menos esfuerzo vivir, todo es más fácil, muchas distracciones, muchas distracciones, con tantas cosas, ¿quién se sienta a trabajar durante horas y horas, meses y meses, en un libro? Pocos, muy pocos. Con tanta televisión y tanto fútbol, bailes, etc., ¿quién se sienta luego a leerlos?, menos, todavía menos».

MAX Y LAS MUJERES

Llegan Esther Tusquets, editora de Max Aub, Carmen Balcells —su agente literario— y Magda Oliver —secretaria de su agente—. Magda Oliver tiene cara de sueño. «¡Ah, vaya! ¿A que, por fin, anoche fuiste a ese lugar... Tropical, o como se llame, a bailar, a beber y a divertirte? Y, ahora, claro, tienes sueño. No, no, si no me parece mal». *Y a mí.* «¿Ves? Lo que te decía. Hay muchas distracciones hoy en día, la vida fácil es más fácil que antes, encima las mujeres trabajan y lo ayudan a uno. Bueno, aunque no lo ayuden, pero al menos pueden mantenerse ellas solitas... Ya es algo. Mira, yo he vivido el tiempo y la época que me ha tocado vivir y siempre me ha parecido bien. Pero, empiezo a arrepentirme, pienso que nací demasiado pronto: claro, ahora, con la liberación de la mujer, ya que trabajan, podrían mantenerme. Por eso soy partidario de la igualdad». *Guarda un minuto de silencio.* «Aunque, la verdad, creo que ya me mantienen». *Todos los ojos se fijan en su esposa.* «No, mi esposa no me mantiene», *y señalando a Esther Tusquets, Carmen Balcells y Magda Oliver.* «Vosotras me mantenéis, claro, ¿de quién recibo dinero?, de mis editores, de mi agente literario. ¡Ah, sois mis hijas!». *Volviendo sobre el tema.* «Antes las mujeres trabajaban, se mataban sin que se las pagara. Ahora trabajan y cobran. Eso está bien, y pueden mantenerle a uno». *Esther Tusquets: «Pero ninguna de nosotras trataríamos a nuestros maridos con la solicitud con que te trata tu mujer».* «Bueno, ya digo que somos de otra época, de eso me quejo. De todos modos, a los esclavos se les paga. Excepto durante la Edad Media. Siempre he dicho que el sistema feudal era demasiado bueno, por eso terminó». *Las tres mujeres que mantienen a Max Aub, según él, protestan.* «Calma, calma, si ya os digo que yo soy partidario de la igualdad. No seáis tontas, seguro que los hombres aceptarán esa igualdad porque salen ganando, las que perderéis seréis vosotras: tendréis que trabajar en lugar de vivir a costa del otro». *Habrá que pensárselo dos veces.*

1 de julio de 1972

25

PERE GIMFERRER

un profundo amor por los libros

Pere Gimferrer, poeta y crítico literario, es una de las personalidades literarias más interesantes y formadas del país, hecho que sorprende dada su edad. A raíz de la publicación de su primer libro de poemas, Arde el mar *(1966), el nombre de Gimferrer empezó a sonar en los medios literarios peninsulares: su poesía (y así lo señaló la crítica en el momento) era un claro y conseguido intento de renovación. Renovación que, tras la agonía sufrida por la «poesía social» en los sesenta, ha sido intentada por los poetas más jóvenes. No queremos decir con ello que los poetas de la última hornada hayan tomado como modelo, a pies juntillas, la poesía de Gimferrer, pero sí que la aparición de* Arde el mar *—por la riqueza idiomática, el dar entrada a nuevos temas, la fastuosa imaginería y el entronque con una tradición clásica— significa, vista desde hoy, un momento de cambio, de replanteamiento de la poesía castellana. Tras* Arde el mar, *Gimferrer publicó* La muerte en Beverly Hills *(1958), y* Poemas 1963-1969 *(Ocnos, 1958), libro que contiene los dos anteriores más otros poemas, o sea que recoge toda la poesía del autor escrita en lengua castellana. En 1970 apareció su primer libro de poemas en catalán:* Els miralls *(Edicions 62) y, recientemente,* Hora foscant, *también en Edicions 62. En la actualidad Pere Gimferrer tiene a su cargo la crítica literaria del* *semanario* Destino[40] *y publica artículos sobre cine y literatura en* Serra d'Or[41].

AFICIONES EXTRALITERARIAS

En una sala decorada con libros, cuadros de Tàpies y Miró, a la hora del café, con las persianas del balcón entornadas, solo se oyen las notas de una sonata de Chopin y la voz de la esposa de Pere Gimferrer, la pianista María Rosa Caminals que, con simpatía y amabilidad, casi casi angélicas, sirve una copa de vino francés. Diríase que en esta estancia no existe el agobiante verano. Y, a pesar de dar a la Rambla de Cataluña, no entran ruido ni calor. Sentado en un sillón casi académico, Pere Gimferrer, gesticulando con una sola mano, habla deprisa, lo cual no casa con su apariencia reposada y traiciona su aspecto de hombre tranquilo.
«Cuando puedo me levanto tarde, de lo contrario, temprano. Por las mañanas trabajo. Por las tardes escribo o voy al

---

40. *Destino*: semanario fundado en Burgos durante la Guerra Civil, que reunía a los intelectuales catalanes afines al bando sublevado que se habían refugiado en la zona nacional. Tras la guerra, el semanario se trasladó a Barcelona y, en una segunda etapa de vida, se dirigió más hacia la burguesía catalana liberal, por lo que tuvo problemas con la censura franquista. Su cierre definitivo tuvo lugar en 1980.
41. *Serra d'Or*: tras la Guerra Civil, las autoridades franquistas prohibieron la publicación de textos en catalán e impidieron la salida de revistas que no estuvieran escritas en español. Solo algunas consiguieron ver la luz, aquellas que tuvieron el soporte de la Iglesia, como es el caso de *Serra d'Or*, fundada en 1959 y editada por Publicacions de l'Abadia de Montserrat. Se convirtió en una plataforma de comunicación de los intelectuales catalanes —dentro de las líneas marcadas por la censura franquista— y, tras la dictadura, siguió publicándose con colaboradores de distintas posiciones ideológicas e incluyó en sus páginas artículos sobre temas diversos tales como la política, el cine, el teatro, la arquitectura, la religión, etc.

cine. Por las noches, si no salgo, leo. Salgo muy poco, veo a muy poca gente». *María Rosa Caminals dice que acaban de llegar a la ciudad: han pasado unos días en el campo, en pleno campo.* «Es el ideal de vida de Pere: tranquilidad, leer, escribir, no ver a casi nadie... ¡Hombre, tanto aislamiento...!». *Pero el poeta insiste: cumplir con su horario de trabajo matinal, leer, escribir e ir al cine. Pere Gimferrer, antes de empezar a publicar poemas, escribía en* Film Ideal *y, posteriormente, en casi todas las revistas cinematográficas del país. Ya hemos dicho que en la actualidad escribe sobre cine en* Serra d'Or. *¿Significa esto que su interés por el cine no ha desaparecido?* «Mi interés por el cine termina hacia 1960. Las realizaciones que me han gustado a partir de dicha fecha son excepciones. Me gusta el cine americano, pero no el de ahora. A partir del 60, me han gustado películas de realizadores que ya habían trabajado antes del 60. Directores americanos que han empezado a trabajar después del 60, ninguno; europeos, muy pocos: Godard, Jancsó y Chabrol. Aparte de europeos, Rocha. ¿Cine realizado antes de los sesenta? Básicamente el americano, especialmente el perteneciente a las décadas de los treinta y los cuarenta. Podría citar cantidad de realizadores: Raoul Walsh, Alfred Hitchcock, Mankiewicz, Ray... En fin, muchos. Tengo especial preferencia por Lang, Mizoguchi y la última etapa de Rosellini. ¿Español? Buñuel, únicamente Buñuel, sobre todo me gustan sus películas realizadas en México y, sobre todo, *El ángel exterminador*». *Chopin en el tocadiscos. Gimferrer es un gran aficionado a la música.* «Y más desde que me casé. Por orden cronológico aproximado, mis gustos son: Couperin, Rameau, Monteverdi, Chopin, Brahms y Stravinsky... ¿El *jazz*? Creo que, como el cine, es una de esas cosas que terminaron con los sesenta. Al menos, personalmente, creo que desde Coltrane no ha surgido nadie que me interese. No hablemos de la música pop, a la que soy completamente refractario». *Cine, música... Creo que en los gustos y aficiones de Gimferrer llegamos a la pintura (sin contar, naturalmente, con la literatura).* «El Greco, Goya, Vermeer, Van Gogh, Rembrandt y creo que Turner, pero no puedo atreverme a asegurarlo porque no he visto sus cuadros al natural, solo en reproducciones (y en pintura sucede como en literatura: no puede juzgarse a no ser que se lea en su idioma original), y Tàpies».

SUS GUSTOS LITERARIOS

«Ahora estoy leyendo *La historia de Genji*, de Murasaki, novela japonesa del siglo XI: leo la edición italiana». *Me la muestra: unas mil páginas.* «Leo a Murasaki aparte de los libros que debo leer para la sección de crítica. ¿Mis novelistas preferidos? Murasaki. Sí, sí, Murasaki, es una novelista excepcional. Claro, Murasaki y otros: Broch, Mann, Proust, Stendhal y Henry James. Mis escritores preferidos, últimamente, son Dante, en verso, y Saint-Simon en prosa. ¿Poetas? Aparte de Dante, Ausiàs March, Racine (a quien considero un escritor excelente, uno de los mejores del mundo), Pessoa, Mallarmé, Saint-John Perse. ¿Los surrealistas? No, me gustan sus documentos teóricos, manifiestos, etc., pero no su poesía. Me gusta Maurice Scève y no puede uno olvidar a los latinos: Propercio, Virgilio y Ovidio, sobre todo Ovidio, bien, en general, los elegíacos latinos». *Ya que hablamos con*

*un crítico pidámosle su parecer sobre literatura castellana
y catalana.* «Bien, considero que en castellano existen poetas muy buenos. En América, Sor Juana Inés de la Cruz,
una mujer muy notable. Y aquí están Góngora, Villame-
diana, Juan de Jáuregui, Calderón, Quevedo, Aleixandre,
Jorge Guillén, Juan Ramón Jiménez, a quien le sucede lo
que a Rubén Darío: ambos eran muy buenos y nadie se
acuerda. Estoy seguro de que pocos han leído a Juan Ramón.
Están Octavio Paz, Lorca, Borges como prosista, ¿qué más
quieren? A la novela escrita en lengua castellana le sucede
lo mismo que a la escrita en catalán: no despunta muy alto.
Pero, en fin, existe una doña María de Zayas y Sotomayor,
Cervantes, Azorín, de quien nadie recuerda sus excelentes
novelas, Baroja... ¿Después de Baroja? Pues sí, hay que reconocer que ha surgido algún buen novelista, por lo menos
dos: Juan Benet y Juan Goytisolo». *Y añade:* «Existe un
escritor en castellano a quien admiro y respeto muchísimo,
Larra. Y me gusta Torrente Ballester, que hasta ahora no ha
sido suficientemente valorado como novelista». *Pasamos a
la literatura catalana.* «La literatura catalana es excelente,
contamos con poetas como Guillem de Berguedà, Cerverí
de Girona, Jordi de Sant Jordi, Ramón Muntaner, Ramón
Llull, Ausiàs March, el Capellà de Bolquera, Bernat Metge,
Andreu Febré, Roís de Corella, y más. ¿Modernos? Los citados. ¿Más recientes? También, también los hay: Carner,
Carles Riba, Foix, Espriu, Brossa. Pla es un gran escritor.
Novelistas: Joanot Martorell, Joaquim Ruyra, Víctor Ca-
talà... ¿Actuales? Villalonga, Terenci Moix y algún otro. Lo
malo de la literatura catalana es que existen más excelentes
poetas que novelistas. A Carner han sucedido, a lo largo
de diversas generaciones, una serie de poetas espléndidos,

aunque en los más jóvenes esta continuidad no aparezca tan segura. En novela ha habido diversos nombres, pero más espaciados. Es cosa sabida».

NIVEL DE EXIGENCIA = NIVEL DE CULTURA

Nació en Barcelona. Estudió Derecho y Letras. «En la universidad no aprendí mucho. Todo lo que he aprendido lo he hecho fuera de la universidad, por mi cuenta. Guardo un buen recuerdo de las clases de Historia del Derecho a cargo del doctor Font y Rius. En Letras había algún buen profesor, pero en aquella época el plan de estudios era tan desastroso que lo único que podían hacer era batallar contra el estado de cosas». *Gimferrer empezó a escribir cuando era muy joven, pero ¿a qué edad se puso a escribir en serio?* «A los once o doce años ya empecé a escribir en serio pero, como la mayoría de la gente de este país, he perdido mucho tiempo pensando que formaban parte de la literatura una serie de tonterías que no son literatura. Aquí se ha perdido de vista cierta escala de valores y la gente no se da cuenta de algo que, personas como Foix o Espriu, por ejemplo, saben perfectamente: que en literatura los modelos son muy conocidos y muy simples, y, al mismo tiempo, muy difíciles de alcanzar. Es decir, si uno escribe en prosa la cosa es igualmente simple: se trata de pensar en Tácito o Saint-Simon. El hecho de que se haya perdido la conciencia de esto es una de las causas principales del bajo nivel de la literatura actual. Creo que lo primero que escribí (me refiero a mis libros en castellano), bueno o no, se resiente de este defecto: yo no habría cobrado conciencia de que, al contrario de lo que suele creerse en este país, la literatura no empieza precisamente en 1920. Pienso que el descenso de nivel de la literatura escrita en esta península se debe a lo mismo. Hernández, Lorca o Cernuda, cuando empezaban, tenían por modelo a Góngora o Quevedo; Foix a Ausiàs March. El modelo de quienes empiezan a escribir ahora suele ser cualquier escritor contemporáneo, extranjero, a quien conocen a través de traducciones. Esto explica la diferencia de resultados entre Aleixandre o Espriu y los poetas de posguerra (salvo alguna excepción)».

SU POESÍA

«A mí lo que más me gusta es *Hora foscant* y los últimos poemas que he escrito, todavía inéditos. El punto de inflexión es *Els miralls*, donde me paro y reflexiono sobre si lo que he hecho hasta ahora tiene algún sentido y cuál debería tener. Esto coincide con el momento en que adquiero conciencia de la escala de valores, de mis puntos de referencia, y con el momento en que decido escribir en catalán. El primer intento de llevar a la práctica las consecuencias de la indagación de *Els miralls* es *Hora foscant*, y los poemas posteriores. En síntesis: hasta *Els miralls* yo tenía la sensación de estar haciendo un ejercicio, es decir, estar bordeando la poesía sin hacer poesía. Al escribir *Hora foscant* es la primera vez que he tenido la sensación de estar haciendo poesía propiamente. No, no, *Els miralls* no me parecía un ejercicio, sino más bien una indagación; en el conjunto de mi obra creo que constituye un punto y aparte. En cuanto a lo que escriba de ahora en adelante solo puedo decir una cosa: me gustaría ser cada vez más riguroso».

26 de agosto de 1972

26

JOSÉ LUIS ARANGUREN

el valor de la palabra

Don José Luis Aranguren es, indudablemente, una de las grandes figuras del pensamiento español contemporáneo. Una personalidad pública sobresaliente siempre expuesta (desde su aparición en la vida intelectual y social del país) a polémicas y críticas. Excatedrático de la Universidad de Madrid (donde fue depuesto de su cargo en 1963), José Luis Aranguren es, desde entonces y hasta la actualidad, profesor en la Universidad de Santa Bárbara, California, donde vive durante la mitad del año, pasando los restantes seis meses en España. Discípulo predilecto de Eugenio D'Ors, fue precisamente la tesis sobre el maestro su primer libro publicado. Siguió El catolicismo día tras día. En 1953, se estrenó como catedrático de Ética en la Universidad Central. Más tarde publicó su Ética, uno de los pilares de la filosofía española actual, La juventud europea y otros ensayos, Catolicismo y protestantismo como formas de existencia, Crítica y meditación, La ética de Ortega, Moral y sociedad, e innumerables artículos y estudios en publicaciones diversas. Hace unos meses, Revista de Occidente publicó un libro, Homenaje a Aranguren, en el que han colaborado varios intelectuales de todo el país (M. Aguilar Navarro, Gustavo Bueno, J. M. Castellet, R. Ceñal, F. Chueta Goitia, Espriu, Ferrater Mora, P. Garagorri, García-Sabell, L. Gil, A. Jutglar, R. Lapesa, J. A. Maravall, Orts-Llorca, Ridruejo, Rodríguez Adrados, Sopeña, A. Tovar, J. M. Valverde y M.

281

Yela), que es fruto de una carta, dirigida al director de dicha editorial, firmada por Pedro Laín Entralgo, Eduardo García de Enterría y Paulino Garagorri. Con dicha carta (fechada en el 69) se inicia el volumen de homenaje a Aranguren (publicado durante el presente año), que reproducimos, ya que las sencillas palabras de los firmantes servirán (más que las de la que escribe) para demostrar el reconocimiento de esta importante personalidad: «José Luis Aranguren ha cumplido sesenta años y queremos tomar esta oportunidad como pretexto para testimoniarle la admiración y el afecto de un grupo de próximos amigos. Hemos pensado en ofrecerle un libro, con trabajos de todos nosotros, en prueba de esa amistad. Los méritos de Aranguren como hombre público son notoriamente sobresalientes, en su labor y en sus actitudes, y parece adecuado dejar igualmente pública constancia de nuestro homenaje».

ALGUNAS TRADICIONES

Increíblemente delgado, alto, rostro alargado y enjuto, expresión seria, casi grave, gesticula sin cesar con incansables manos, de dedos larguísimos y flacos: el índice, cuando el profesor Aranguren habla, se pasea por la frente ancha, juega a detenerse en la sien, y luego se desenfrena en el aire, hasta inmovilizarse en el mentón, cuando el profesor guarda silencio y clava la mirada en el interlocutor mientras aguarda y escucha sus palabras; asiente con nerviosos movimientos de cabeza y quedos «sí, sí, claro», y de nuevo la mano comienza su danza. «Vivo seis meses en California, cumpliendo con el curso académico de la Universidad de Santa Bárbara, de donde soy profesor de Ética. Los seis meses restantes vivo en Madrid, donde reside mi familia: mi mujer y siete hijos. Pero me muevo mucho, viajando a otras ciudades, para dar conferencias, intervenir en coloquios, seminarios, etc., cosa que ya me resulta un poco incómodo por la edad, por supuesto, no por ningún otro motivo. Me gusta ir a pasar unos días al campo. Tenemos una finca en Ávila. Me encanta pasear por el camino, caminar; pensando, si lo hago a solas, conversando, si voy acompañado. Aparte de mi trabajo, mis clases, mis lecturas, creo que pasear por el campo es mi única distracción y afición». *Encontramos a José Luis Aranguren en casa de José María Castellet, y ocurre lo que siempre sucede cuando llega a Barcelona un amigo de don José María: Castellet organiza cena en La Font dels Ocellets y, hacia la una de la madrugada, copa en Bocaccio. Por indicación de Castellet, José Luis Aranguren cruza el umbral del restaurante, de un salto y sin pisar las cuatro barras catalanas que figuran en el suelo del local. A pesar de las incomodidades que según él le proporciona la edad, Aranguren ha logrado saltar mucho mejor que sus acompañantes. El dueño del restaurante lo felicita al tiempo que le da la bienvenida.* «Hay gente que ni se molesta en alargar el paso. Pisan las cuatro barras, y se acabó. Si usted quiere es una tontería, pero, en fin, es una tradición, un símbolo bonito, ¿no? Claro, claro, naturalmente. No cuesta ningún esfuerzo mantener y respetar las tradiciones, sobre todo, las hermosas». *En la cena, además de Castellet, amigos de José Luis Aranguren: Eugenio Trías, Carlos Bidón-Chanal (joven filósofo), una pareja, también muy joven.* «Me encanta venir a Barcelona, es una ciudad que siempre me ha gustado. Y, además me encantan las reuniones que me organiza Castellet, siempre con gente jovencísima, como hoy: el más viejo es él. Seguro que entre todos vosotros no sumáis sus años». *Castellet inicia su protesta. Aranguren corta, tajante.* «No, yo soy de los más jovencitos. Así, por fuera, me veis arrugado y achacoso, pero es solo apariencia, pura apariencia. Por dentro, soy jovencísimo, precisamente por eso, porque me gusta estar siempre entre personas jóvenes».

PA AMB TOMÀQUET Y
LA COMUNICACIÓN

Tras exigir tuteo por parte de todos los comensales, elige el menú. «Como poquísimo, tanto en el almuerzo como en la cena. Eso sí, desayuno fuerte: huevos con jamón, carne...». *Lee la carta, con expresión meditabunda, y al cabo de un rato:* «Como poco, pero, vaya, ante estos platos tan sabrosos voy a hacer una excepción». *Y pide «Pa amb tomàquet i pernil».* «¿Está correcta la pronunciación, Castellet?». *Y en voz más baja:* «¿Cómo voy a permitirme perderme el "pa amb tomàquet"?». *Sigue el «conill amb all i oli» y «mel y mató».* *Allí donde fueres haz lo que vieres.* «Me encantan estos platos; en general, me gusta la cocina típica de los lugares en donde estoy». *Actualmente, Aranguren reside en Madrid, es la temporada que le toca vivir en España.* «Duermo poco y, generalmente, mal. Me levanto hacia las nueve. Tomo una ducha, nunca me baño, prefiero una ducha de agua fría, sí, fría, siempre, tanto en verano como en invierno. Desayuno y hacia las diez y media me pongo a trabajar hasta la una. Me ayuda una de mis hijas, quien me acompaña en el trabajo como secretaria. Como a las dos y media, con mi familia. Por las tardes voy al Instituto de Fe y Secularidad, que dirige Álvarez Volado, donde doy un seminario. Después de cenar, nunca trabajo, leo. Me gusta mucho leer revistas antes de acostarme. Así es mi vida aquí, en Madrid; en California es diferente, claro. Allí me levanto hacia las siete y media (porque me acuesto mucho más temprano que aquí). A las nueve voy a la universidad, trabajo con la secretaria, y a las doce, almuerzo. Por las tardes doy cuatro horas de clase. Son clases muy agradables, con pocos alumnos, lo cual permite mantener una relación muy estrecha entre profesor y estudiante. Esto me parece importantísimo, no solo ahora: cuando era catedrático aquí, a pesar de que las clases se daban a un mayor número de alumnos, siempre intenté mantener con ellos una relación amical, íntima, sabían que podían acudir a mí siempre que lo necesitaran, o, simplemente quisieran, no solo para consultas respecto a la clase, sino también para charlar de otras cosas. Así creo que debe ser. Eso de que el profesor es un señor al que solo hay que oír y mirar en clase, con respeto casi sagrado, sin atreverse a hablarle, me parece muy mal. Respeto, sí, naturalmente, el mismo que el profesor tiene por el alumno, el mismo que los alumnos se supone que tienen entre sí, en fin, el que existe entre dos personas normales. Lo contrario es nefasto, y una insensatez absurda. Se llegan a extremos increíbles, por ejemplo, un amigo mío, catedrático, un hombre muy formado, muy buena persona, pero tan serio, tan serio, que su propia hija, alumna suya, venía a mí cuando necesitaba consultar algo respecto a la asignatura que daba el padre, porque no se atrevía a ir a él. Y me decía: ¡Ah, es que a ti te gusta hablar con nosotros! Me parece monstruoso. Mis clases, en Santa Bárbara, a veces son conversaciones, y no por ello dejan de ser clases serias, te diré una cosa: creo que con esa comunicación imprescindible entre profesor y alumnos, es el único modo de hacer, entre todos, un trabajo serio. Porque no solo son los alumnos los que trabajan tragándose cuanto les dicta el profesor, como si se tratara de una píldora; no, no, yo trabajo con mis alumnos, en contacto con ellos, y te diré: me han enseñado bastantes cosas».

UNA CAUSA PERDIDA

En Bocaccio, la cámara del fotógrafo del local sorprende a Aranguren entre Castellet y Trías, a quien rodea por los hombros. «Ah, cómo os divertís en Barcelona. Me parece estupendo. No lo digo en plan crítico, al contrario: divertirse, pasarlo bien, disfrutar, es creativo». *Se interesa por los trabajos de Trías, retirado (excepto esta noche) de la vida social ciudadana desde hace un año. Explica que está trabajando en su tesis doctoral. Y en medio de las copas, de la música, y de la ruidosa concurrencia, se enzarzan en una larga conversación sobre Hegel. Se interesa Aranguren y se muestra ansioso por leer la obra. También se interesa por el próximo libro de Castellet,* Ética de la infidelidad. *Y Castellet, a quien próximamente llamarán «el infiel», aclara: «José Luis ha sido el precursor de este libro, en cierto modo, será el culpable». Aranguren se sigue interesando por amigos, por libros aparecidos, por lo que se está escribiendo, sobre todo por parte de los autores más jóvenes.* «En California me acuesto temprano, después de cenar. La cena me la preparo yo. Allí vivo solo. Los viernes hago vida social: ceno en casa de amigos, profesores, hacemos un poco de tertulia. En Madrid, tenemos la cena social de los jueves, con Rosales, Vivanco, Pedro Laín... Bueno, ahora menos». *Castellet, riendo, acusa a Aranguren de haber sustituido las viejas amistades por las de los filósofos novísimos.* «No, amistades no he abandonado. Los jóvenes me interesan mucho, claro, más que los de mi generación. ¿Los filósofos de mi generación? Los hay notables, Pedro Laín es una excelente persona, una inteligencia valiosa, pero es muy serio. Maravall es una personalidad muy sobresaliente. ¿Marías? Tiene una casa muy grande (ahora, antes era pequeñísima), y puesta con bastante mal gusto. Vive modestamente, a pesar de ser el mejor agente de EE. UU. A mí me gusta hablar bien de él, aunque sea solo por esnobismo. Y, por supuesto, no estamos de acuerdo. ¿Los jóvenes? Están muy bien, hay una gran variedad entre ellos. La seriedad, en filosofía como en todo, se ha refugiado en Madrid. Aquí, en Barcelona, la gente está más desatada, en el sentido de pensar más libremente. Hay jóvenes ya importantes hoy: Trías, Ruvert de Ventós. En Madrid, igual: Muguerza, Sánchez de Zabela, Paco Gracia...». *Baltasar Porcel, presente desde hace rato, se enzarza en una pequeña polémica sobre catolicismo con Aranguren, y después con Castellet, sobre Cataluña, la lengua catalana.* «Perdona, José Luis, a ti esto no te interesará, lo encontrarás pasado de moda». «¿Pasado de moda, lo catalán? Más pasado de moda estoy yo, con Dios, religión y catolicismo: interesarse, pensar y escribir sobre estas cosas sí que es una causa perdida». *Antes, durante la cena, cuatro*

287

o *cinco jóvenes, con pinta de estudiantes, se han acercado a la mesa para pedir a Aranguren que estampara su firma en una tarjeta postal. Ahora, en Bocaccio, un hombre reconoce a Aranguren, pregunta para asegurarse, le habla. Es un lector. «Tenía tantas ganas de conocerle y decirle...». Y Aranguren escucha y responde, alto, flaco, serio, con esa expresión grave que podría parecer antipatía, amargura, altanería, pero que engaña. García-Sabell, en un artículo, se pregunta por esa expresión y la denomina desdén. «Cada día su ejercicio del desdén ha acrecido más y más. Su ineluctable desdén. Desde el gesto y el ademán, desde el silencio o la palabra levemente irritada, su actitud nos alecciona a todos. Y nos divierte. Porque fuerte cosa es, fuerte y trágica, que Aranguren, esto es, la conciencia moral de España, tenga que volverle la espalda a un enorme sector —ingrato o entrañable según los casos— de la realidad. Que su actitud tenga que ser, por fuerza, desdén, puro y simple desdén».*

28 de octubre de 1972

27

ÁNGEL GONZÁLEZ
el arte como fuente de placer

Ángel González, poeta asturiano, acaba de publicar (en Barral Editores) Palabra sobre palabra, *volumen que contiene siete libros de poemas editados ya anteriormente. Por su obra, Ángel González está considerado (muy justamente) como uno de los poetas más importantes de la generación de los años cincuenta, junto a Jaime Gil de Biedma, Carlos Barral, Caballero Bonald, José Agustín Goytisolo, etc.; formando parte esencial de lo que se ha denominado «poesía social», movimiento del que (tanto en poesía como en novela) se ha hablado mucho durante los últimos años; se ha polemizado, ensalzado y echado por los suelos. Pero cuando esto último sucede, siempre, el resultado inevitable ha sido dejar algunos nombres al margen de la polémica, por reconocidamente intocables y, en poesía de los años cincuenta, uno de esos nombres es el de Ángel González. Tras ocho meses ausente de España, Ángel González se pasea estos días por Barcelona, con mirada azul, nostálgica, y las barbas y el cabello grisáceo al viento de las Ramblas, donde tiene tendencia a bajar, arrastrado por los recuerdos de otras estancias en nuestra ciudad. Anoche, cena con otro gran poeta, Jaime Gil de Biedma. Después, la inevitable copa en Bocaccio.* «Cuando llego a Barcelona y no he tenido tiempo de avisar a nadie, lo primero que hago es ir a Bocaccio, seguro que encuentro a alguno de mis amigos». *Hoy, aperitivo en una terraza de la Bonanova*

en compañía de Pedro Ávila, cantante marroquí de ori-
gen español, residente en París desde los doce años, que
prepara un disco con canciones de Ángel González, Gil de
Biedma, Alberti y Hernández. Pero llega el mediodía, la
hora del almuerzo, y ya se elige un restaurante del distrito
quinto, cerca de las Ramblas.

EL CURA QUE LLEVA DENTRO

Una sonrisa agradable, habla despacio, en voz baja, con una
timidez ya controlada. Vive en Madrid. «Me levanto tarde,
casi nunca antes de las doce, y muy cansado. Pierdo mucho
tiempo en ponerme en marcha, me cuesta mucho trabajo.
Desayuno un café solo. Casi siempre como en casa: filetes
y huevos, lo único que sé cocinar. No me gusta comer fuera
porque salir puede estropearme el día, puedo encontrar a
algún amigo, empezar a hablar, liarme a tomar copas, en
fin, el desastre. Antes de comer, intento ponerme a trabajar,
generalmente con poco éxito. Después, ya por la tarde, sí,
trabajo. Me cuesta un gran esfuerzo ordenar las cosas, o
sea, disponerme al trabajo, concentrarme, etc. Generalmente empiezo tocando la guitarra. Me descansa, es un modo
de relax y me divierte y me anima. Trabajo, descanso, toco
la guitarra, vuelvo al trabajo. No, mientras estoy solo en
casa, trabajando, no tomo ni una copa. Si puedo resistir
la llamada invitándome a salir a cenar, me quedo en casa,
ceno poco, me acuesto y leo. Si no resisto la llamada, es
peor: me acuesto a las cinco de la madrugada y el día siguiente queda borrado en sueño, cansancio, Alka-Seltzer,

etc. Y mala conciencia, sí, mala conciencia por no haberme quedado en casa. Siempre digo que llevo un cura dentro y cuando no me comporto debidamente (no creas, me refiero a trasnochar, etc.), me sale el cura y me riñe duramente. Cuando dejé mi trabajo de burócrata, pensé ¡qué bien!, voy a disponer de todo el día para trabajar; es mentira. Algunos amigos me dicen que pierdo demasiado tiempo, no lo creo. Prefiero el contacto con la gente que la literatura. Es más divertido hablar que escribir». *Ángel González acaba de llegar de Nuevo México.* «Daba clases en la Universidad de Albuquerque, durante cinco meses. Después, estuve dos meses en Venezuela, un mes en Chile, quince días en Buenos Aires... Daba poesía española del siglo XX: cinco horas de clases semanales (tres sobre poesía del siglo XX y dos sobre poesía social de posguerra). Tenía pocos alumnos y muy interesados, lo cual hacía el trabajo muy cómodo e interesante: las clases eran conversaciones. Algunos conocían bastante bien la poesía española y otros, nada. Les interesó mucho (a pesar de lo que yo decía en clase) Unamuno (a mí me produce una repugnancia casi física). También Juan Ramón. Ahora me han invitado a ir a otra universidad, Utah, en el centro de Estados Unidos, al parecer se trata de otro desierto, como el lugar de donde vengo».

EPIDEMIA DE LOCURA

Nació en Oviedo, en 1925. «Allí viví la guerra y estudié bachillerato. Después estuve tuberculoso. Curé la enfermedad en un culo de las montañas leonesas, y estudié Derecho (era lo único que podía estudiar libre). Procedo de una familia en la que abundan los maestros, y también estudié Magisterio». *Tenía entendido que Ángel González ejerció magisterio en un pueblo perdido...* «Sí, donde convalecía de tuberculosis. De repente la maestra del pueblo enloqueció, también el cura y el médico. Sustituí a la maestra, por un sueldo de doscientas cincuenta pesetas. Fue una estancia corta, pero la recuerdo con mucha nostalgia. Era un pueblo pequeñísimo, no había nada, ni taberna ni tiendas, nada. Recuerdo que los domingos se bailaba el vals al ritmo del pandero... Después regresé a Oviedo. Empecé a colaborar en un periódico donde escribía de todo: crítica musical (por entonces la música me interesaba sobre todo lo demás), una sección humorística de deportes, de todo... Ah, y entrevistas: era lo que más me gustaba, sobre todo con músicos. Terminé la carrera y se planteó el horrible problema del trabajo (no podía vivir sin trabajar). Fui a Madrid para obtener el carnet de periodista, y me quedé. Gané oposiciones a Administración central. Después me vine a Barcelona, donde conocí a gran parte de mis actuales amigos: Castellet, Barral, Jaime Gil... Trabajaba como corrector de estilo para editoriales, vivía de mala manera, pero muy feliz, hasta que me enamoré de una chica que vivía en Madrid y la seguí y allí me quedé hasta que me marché a América».

POR LOS CAMINOS DEL IMPUDOR

Tras la comida, café y copa, ya, por fin, en las Ramblas. De vez en cuando, Ángel González abandona la mesa, en mitad del paseo, para hacer llamadas telefónicas a amigos a quienes desea ver antes de irse de la ciudad. «Empecé a leer seriamente poesía durante la enfermedad. Allí tenía pocos libros: novelas y antologías poéticas, pero de bachillerato (Espronceda, Rubén Darío, Bécquer). Las novelas no resisten repetidas lecturas (al menos, para mí), en cambio, descubrí que la poesía sí. Iba leyendo y releyendo los libros que tenía y de repente cayó en mis manos la *Segunda antología* de Juan Ramón: el impacto fue tremendo. Después, Alberti, Salinas y los del 27. Quedé deslumbrado. Tenía mucho tiempo y empecé a escribir poemitas, miméticos, por supuesto, que mandaba a mis amigos sin intención de publicar, pues escribía más bien por aburrimiento. Pero seguí con este vicio y un buen día me planteé la cuestión: ¿por qué escribo poemas?, a lo mejor es que me gusta. Y me dije: si me gusta y lo hago en serio, publícalos. Pero publicar me daba mucha vergüenza. No sabía si eran malos o no. No me fiaba de mis amigos, quienes podían estar tolerándome una gracia, y no me atrevía a presentarme ante un crítico para pedirle una opinión. Así, hasta que encontré a Carlos Bousoño (amigo de la infancia, en Oviedo), y me animó a publicar. Después los leyó Vicente Aleixandre y me convenció. Me presenté al Premio Adonáis, gané un accésit y salió mi primer libro (tenía ya veintinueve años, o sea que manifesté tardíamente una vocación poética). Y ya por el camino del impudor, y puestos a publicar, seguí escribiendo y publicando: uno pierde la vergüenza cuando pierde la virginidad».

VOCACIÓN FRUSTRADA Y VOCACIÓN SECRETA

La poesía: una vocación tardía. La mística: una vocación frustrada. «A los veintidós años era lo que más me interesaba, pero las dificultades técnicas que plantea a una persona adulta me hicieron abandonarla. Me gustaba Bach, el barroco, gran parte del romanticismo, Beethoven, Mozart. No conozco bien la música última, al irme de Oviedo perdí contacto con la música: allí asistía a todos los conciertos, escribía la crítica... Pero, hoy, cuando escucho una pieza musical que me gusta es como si me hicieran cosquillas, recobro un placer casi olvidado. ¿El cine? Me gusta, pero soy muy ignorante al respecto. Existe una cultura cinematográfica que se me escapa. Soy un espectador inocente que sufre y goza con lo que les sucede a los protagonistas. Me gusta un film, pero luego no sé explicar por qué, ni sé nada de primeros planos, trávelin, etc.». *Y surge su tercera vocación: la secreta.* «He pintado en secreto y siempre pienso que un buen día voy a dejarlo todo para ponerme a pintar (seguramente nunca lo haré). En pintura, como en casi todo, tengo un gusto muy clásico. Valoro las últimas tendencias, pero como me gusta la gente y la vida, en el arte deseo ver el reflujo de ambas, eso me hace ser muy clásico en mis preferencias».

EL ARTE LÚDICO

A media tarde, Pedro Ávila actúa en un pequeño local de la calle Aribau, y allí vamos a oírle. Tras Pedro Ávila, se arrancan los espontáneos, y Ángel González no resiste la tentación de coger la guitarra y cantar: canciones mexicanas, boleros... «El arte es sentir un placer. Si requiere un esfuerzo llegar a él (a veces lo he realizado por imposiciones intelectuales o culturales) ya no hay placer, ya no existe este algo lúdico que debe tener el arte. Cuando me aburre una obra de arte, aunque le reconozca un valor, ya no me sirve». *Y confiesa, tras un tango, su cuarta vocación, la irremediable.* «Lo que más me gusta es la gente y la vida, y la vida para mí es la gente, me gusta más que el arte. La comunicación con algunas personas, aunque resulta difícil, es preferible a un poema. Me divierte más hablar que escribir. Me dicen: Ángel, pierdes mucho el tiempo... ¡Qué va! Luego, cuando lo pienso fríamente, me sale el cura, el que llevo dentro, y ya te lo he dicho antes, me riñe. ¿Poesía? Tengo poco que decir: de la mía nada. Libros, libros, en el sentido que a la palabra da el diccionario, no he escrito ninguno, solo algunos folletos, librillos, llámalo como quieras, que ahora se han recogido en *Palabra sobre palabra*. Y referente a la poesía de los demás, no soy maniático, no tengo tics, manías por que se adjetive de un modo u otro. Pero me gusta que un poema responda a realidades concretas y que no aburra. Ya te lo decía antes: para mí el arte debe responder a un sentimiento lúdico. Cuando digo que soy clásico, es porque considero que el surrealismo, por ejemplo, ya es clásico. Cuando alguien se dice vanguardista escribiendo surrealismo me parece una tontería. En América es terrible el mito del vanguardismo: gente que escribe caligramas, o hace escritura automática se dice vanguardista cuando este tipo de escritura ya se hacía en el año 20. Yo no estoy en contra de ninguna tendencia mientras el resultado sea bueno, y, además, creo que si no aprovecháramos las puertas abiertas por el surrealismo y otras tendencias seríamos tontos; ahora bien, de ahí a afirmar que por seguir esos caminos ya descubiertos se es vanguardista... ¿Influencias en mi poesía? Uno nunca sabe exactamente, pero ya te digo: la *Segunda antología* de Juan Ramón me apasionó. Después llegó la época en que Juan Ramón teóricamente era un poeta deleznable (cosa cierta en ciertos aspectos, pero también es cierto que es un gran poeta, y fue mi libro de cabecera). Dicen que me ha influido Salinas, a quien apenas he leído porque noté que, en efecto, podía influirme demasiado. Pero marginé esas influencias, sobre todo en los años sociales, cuando Machado me pareció (y me sigue pareciendo) un poeta muy importante: hoy más que antes. En aquellos años Machado era un ejemplo humano más que poético. Sus críticas y prosas siguen siendo un ejemplo de cómo pasar sobre el mundo y las cosas. Estoy de acuerdo con Valverde cuando dice que, frente a la prosa vestida de luces de Ortega, Machado estaba haciendo la prosa del pensamiento del siglo XX: en él había sensatez, sentido del humor y sentimiento. ¿Mi generación? Es estupenda, quizá lo diga movido por la nostalgia (sentimiento que experimento con frecuencia), además hay gente como Jaime Gil, Barral, Valente, Caballero Bonald, Goytisolo, etc., que han hecho una obra importante. Habría que vivir aquellos años para entenderlo. Casi todos tuvimos el trauma de la Guerra Civil. No quisiera parecer el abuelito que cuenta batallitas, pero en el plano biográfico, la guerra fue todo un trauma. Creo que hemos sido lo que hemos podido. Reconozco y respeto el trabajo y el talento de mis compañeros de promoción». *Sigue con un bolero.* «¿Mis canciones? Las que hoy denominan camp[42], son las que escuchamos de jóvenes, las que bailamos un día, en fin, las nuestras. Creo, además, que entre ellas hay obras maestras. Siento el paso del tiempo como una pérdida irreparable. ¿Sabes...?».

4 de noviembre de 1972

---

42. Camp: que recrea con desenfado formas estéticas pasadas de moda (*Diccionario de la Lengua Española*, 23.ª ed., 2014).

28

MONTSERRAT CABALLÉ

la voz

Recientemente, Montserrat Caballé obtuvo un sensacional éxito (uno más en su carrera artística) en el Liceo, con Un ballo in maschera. *Éxito que se repitió el jueves con* Norma. *Vimos a Montserrat Caballé el día antes de la representación, durante el ensayo de la ópera de Bellini en el Liceo. El diálogo fue breve y rápido. No por falta de disposición por parte de la gran soprano catalana, sino por imposición de horarios y trabajos.*

Hace unos tres o cuatro días, cuando nos pusimos en contacto telefónico con Montserrat Caballé, estaba sometida a drásticos horarios de trabajo en los estudios de grabación. «Grababa una zarzuela: La villana, del maestro Vives». *Además, se hallaba ya sujeta a los ensayos de* Norma. *¿Cuántos días de ensayo antes de la representación?* «Depende. Unos quince días, o veinte, en el teatro. Pero antes de los ensayos en el teatro, con orquesta y demás cantantes, hay los ensayos, la preparación en casa de la obra que haces. Aunque tengas que interpretar una ópera que ya has cantado otras veces (por ejemplo, en el caso de Norma, que presenté hace poco en Italia), siempre es nueva, quiero decir que cada vez que debes volver a interpretarla, es como meterte en un papel nuevo, sacarle matices al personaje, estudiarlo, profundizar más en él». *Además de la grabación de* La villana, *y de los ensayos de* Norma *en el Liceo, Montserrat Caballé prepara dos obras.* «Ahora, estoy preparando *Il trovatore* y *La traviata*, con las que, junto con *Norma*, debo presentarme próximamente en Estados Unidos».

¿LOS PREMIOS? UN PLACER QUIZÁ INJUSTO

Montserrat Caballé está considerada actualmente, y desde hace ya unos años, como una de las primeras voces operísticas mundiales. No hay temporada de ópera en los teatros más prestigiosos del mundo que se precien de serlo, que no cuenten en su programa con la actuación de la cantante catalana. «Empecé a estudiar canto a los ocho años, en Barcelona. Estudié hasta los veintidós años. A los veintitrés me marché a Italia, para hacer audiciones. Después estuve en Alemania, Suiza y Austria. ¿La primera vez que me presenté al público en un teatro de ópera? A los veinticuatro años en Basilea. Después trabajé en Alemania y Suiza durante seis o siete años». *Sin cantar en España, ¿o sea, que se dio a conocer fuera de nuestras fronteras?* «Cuando llegué a España ya había cantado mucho fuera, sí. Me presenté en Barcelona en 1962, en el Liceo, con *Arabella*, de Strauss. No lo hice antes porque estaba contratada en Alemania. Allí los contratos son fijos, perteneces a la plantilla de la compañía del teatro, tienes tus obligaciones, tus vacaciones, en fin, es casi como una oficina. Cuando terminé con mis contratos en Alemania me presenté en el Liceo y, en fin, aquí estoy». *Se presentó, con gran éxito. Siguieron muchos otros. En Barcelona y en todas las capitales operísticas del mundo. Muchos premios: el Grand*

Prix du Disc, de París, el de la Academia de los Ángeles, el de la Academia de San Francisco, el Gran Premio de la Crítica Italiana, el título de Hija Adoptiva del Estado de Texas, la llave de la ciudad de Filadelfia, la Medalla de Oro de la Ciudad de Barcelona, y es Caballero de Artes y Letras del Gobierno Francés. «Hay un premio que me hizo mucha ilusión: la medalla de oro de la Asociación de Conciertos de Reus. Antes de marcharme a Alemania, hace muchos años, en Reus. Hace poco volví, di un recital, y me otorgaron esta medalla». *La medalla de la Ópera de París, la medalla del Gran Teatro del Liceo.* «El teatro al que más quiero». *Y muchos premios más.* «Resulta muy agradable que te premien por lo que haces, claro. Pero, en el fondo, te causa un poco de embarazo. Una cumple lo mejor que puede, para procurar un placer al público, y a ti misma, porque comprobar que cuando haces algo que a ti te gusta también gusta al público da un gran placer. Por eso cuando te dan un premio o tienes un gran éxito, sientes una gran alegría, por la recompensa. Sin embargo, es un poco injusto porque la nuestra es una profesión como todas las demás. Quiero decir que a un señor que trabaja en un banco o en una oficina, que cumple y hace bien su trabajo, no le dan medallas. Lo encuentro un poco injusto, inmerecido. Claro que nuestra profesión es distinta, es más espectacular, quizá por ser cara al público, más vistosa».

NO HAY UN PERSONAJE TONTO:
SÍ INTÉRPRETES MALOS

El éxito de Montserrat Caballé, además de ser una artista sensacional, se ha visto favorecido por una voz extraordinaria, que le permite interpretar óperas que otras buenas —muy buenas— sopranos no pueden cantar. «La diferencia entre soprano y *mezzosoprano* es que las primeras disponemos de un repertorio más amplio. ¿Qué personaje operístico prefiero? Me encanta cantar *Salomé*, de Strauss. Aparte de que me gusta muchísimo la música de Strauss, Salomé es un personaje muy completo. Es una ópera muy viva, tanto por lo que se refiere a las posibilidades dramáticas, de interpretación a nivel de actriz, como a las musicales. Es una obra que me llena mucho». *¿Qué prefiere cantar, ópera italiana o alemana?* «Óperas alemana o italiana, es indistinto. Canto las dos, y me gustan por igual. Cada una en su campo tiene su belleza musical, es interpretativa. En toda la gama de repertorios existentes, sea el autor de una nacionalidad u otra, no existen los personajes tontos, o sea malos de interpretar (y en la ópera sucede lo mismo que con el teatro, según mi opinión), lo que sí existen son buenos o malos intérpretes».

PRUDENCIA

Prosigue el ensayo de Norma. *Montserrat Caballé conversa, comenta, habla en italiano con el maestro director de la orquesta, Gianfranco Masini; en inglés con Gwynne Howell;*

en catalán con los tramoyistas. Hay un poco de nervios en el ambiente, pero Montserrat Caballé se muestra tranquila, segura, hace bromas, se ríe; le bastan unos minutos para ponerse al trabajo, para meterse en el papel de Norma como si se hubiera sometido a un largo proceso de concentración. Y en el ensayo, canta a pleno pulmón, como si el ahora vacío Teatro del Liceo estuviera lleno de público, no ahorra voz para mañana: el guardarla no es el problema suyo, le sobra. ¿Qué cantantes actuales prefiere? «No, no, no puedo responder a esta pregunta. Sería falta de compañerismo, compréndalo usted. Puedo olvidarme de algún nombre, ofender sin desearlo». *Montserrat Caballé ha actuado en todos los teatros de ópera que cuentan en el mundo, ¿qué público aprecia, sabe valorar mejor una buena interpretación?* «No, mire, no puedo contestar a esto. No soy quién para llamar tonto al público. Si digo que un público es mejor que otro es un insulto para el que sale perjudicado». *Pues hablemos de otras cosas.*

...Y FUMA

Una voz tan privilegiada ¿debe someterse a algún régimen determinado? «Supongo que depende de los casos. Yo no sigo ningún régimen estricto. Procuro no comer cosas que me engorden, porque ya ve usted que tengo problemas con los kilos». *Se ríe. Se ríe a menudo.* «Si tengo que cantar, naturalmente, procuro comer cosas que no me irriten la garganta, picantes, por ejemplo. ¿Beber? Nunca he tenido problemas, porque no me gusta la bebida. Siempre he considerado, quizás equivocadamente, no lo sé, que el agua es la mejor bebida». *Naturalmente, no fuma.* «Pues, sí, qué sorpresa le doy, ¿verdad?». *La invito a un cigarrillo.* «No, gracias, de estos no. Fumo mentolado, pero fumo. Ya le digo, lo único que procuro es no comer demasiado, por el peso». *Da la casualidad de que la mayoría de cantantes de ópera padecen obesidad, y existe la leyenda de que si pierden peso, pierden la voz.* «Depende del físico de cada uno. Pero, mire, pongamos por caso una persona normal, quiero decir dedicada a otra profesión; si se somete a un régimen muy fuerte y pierde mucho peso, no le sucede nada grave, solo que con la pérdida de calorías pierde fuerza muscular. Esto, nosotros no nos lo podemos permitir porque el esfuerzo que hacemos al cantar se basa en los músculos abdominales. Eso de que se pierde la voz, como suele decirse, no se debe a una cuestión de cuerdas vocales (lo cual también puede suceder, puesto que las cuerdas vocales son músculos, y si pierden fuerza, se relajan), sino a que se reblandece la musculatura abdominal. Cantar es una gimnasia muscular continua. Cuando termino el ensayo, que ha durado tres o cuatro horas, pero en el que desarrollas una actividad muscular y nerviosa como la que otra persona desarrolla en nueve, siento un apetito atroz. Termino fatigada, como, y revivo. ¿Cómo voy a privarme de una buena comida?».

DESCANSO OBLIGATORIO

Otra de las causas de la obesidad de los cantantes de ópera, según dicen, es que se ven obligados a descansar y a dormir muchas horas. «Sí, si no, no hay quien lo aguante. Ya le digo, en unas horas perdemos las calorías que otra persona pierde en nueve. Además, juegan mucho los nervios, que empiezan ya en los ensayos, y no le digo el día de la representación. A la larga, los nervios y el cansancio físico minan el sistema nervioso y necesitas tomarte temporadas de descanso». *¿Cuántas horas al día canta?* «Mañana, tarde y noche. Porque hay que tener en cuenta las representaciones, los ensayos, las grabaciones y cuando preparas una obra tú sola, en fin, en todo el día; es una profesión muy cansada, muy sacrificada». *Y los viajes. Tras rodar por casi todo el mundo, ¿qué ciudad le ha gustado más?* «Nuestra profesión es un continuo viajar. Pero es un viajar cansado y un poco pesado. No es llegar a una ciudad y ver lo que te gusta, pasear, etc. Es llegar, encerrarse en el hotel para descansar, y prepararte para los ensayos. Estás dos meses en un sitio y entre representación y representación sales para ir a ver un museo, o para pasear por las calles, pero con poco tiempo y, si es en invierno, peor, porque si te enfrías significa el desastre. O sea, que diversiones, muy pocas. Y eso sí, de todas las ciudades que he visto, me quedo, indudablemente, con Barcelona».

27 de enero de 1973

29

CONCHA ALÓS
la escritora visionaria

CONCHA ALÓS CAMBIA DE MUNDO

Concha Alós, novelista que se dio a conocer en 1962 con Los enanos, *obra que obtuvo el Premio Planeta, premio del que se la despojó por líos editoriales.* Siguieron Los cien pájaros *(1963),* Las hogueras *(1964), con la que gana de nuevo el Premio Planeta (y en esta ocasión ya no se lo retiraron, con lo que Concha Alós es el único novelista que ha ganado dos veces el Planeta). En 1966 publicó* El caballo rojo. *En 1968* Madama. *Hace unos meses, Concha Alós ha publicado su último libro,* Rey de gatos *(Barral Editores, 1972), con el subtítulo de* Narraciones antropófagas. *El libro ha sido lanzado por Carlos Barral dentro del movimiento significado por la faja: ¿Existe o no una nueva novela española?*

UNA NUEVA CONCHA ALÓS

Dejemos a un lado si existe o no una nueva novela española. Lo que sí existe, indudablemente, es una nueva Concha Alós. Esta es la conclusión a la que se llega después de leer Rey de gatos. *En las narraciones que componen el libro, Concha Alós se aparta por completo de la literatura del realismo social, dentro de la cual se habían incluido sus novelas anteriores. Aparte de un evidente cambio en lo referente a la utilización del lenguaje (camino en el que Concha Alós*

ha hecho una notable evolución), la autora se sumerge aho-
ra en un universo ambiguo, onírico, a veces monstruoso, a
veces mágico, en el que la lucha por la existencia —por la
sobrevivencia o el conocimiento— viene determinada por
fuerzas cósmicas, o por las más oscuras corrientes subterrá-
neas que anidan en el inconsciente del hombre. ¿Cómo se
ha producido este cambio en la narrativa de Concha Alós?
«Creo que la vida y la obra de un escritor siempre van muy
unidas, no pueden ir separadas, correr por caminos diferentes, de lo contrario, si uno es una cosa y escribe otra, si
uno cree, piensa de determinado modo y la obra refleja lo
contrario, resulta una obra falsa. Este cambio que aparece
ahora, en mi último libro, creo que es el resultado de un
revulsivo acontecido a nivel personal, íntimo. Me di cuenta de que la realidad, como la entendía antes, no existe.
Ahora creo que es más real lo que imagino que lo que vivo.
Sé muy bien cómo es lo que imagino y, además, es mío, me
pertenece. Lo demás no sabes cómo es, y no te pertenece.
Existe un momento (no sé si nos llega a todos, supongo que
sí, pero en cualquier caso, a mí me llegó), en que te das cuenta
de que lo que has vivido era una mentira: este descubrimiento
te crea un revulsivo y, a partir de él, solo puedes hacer dos
cosas: o cambiar o morir. Si no te mueres, el mundo cambia
para ti. Y la obra que realizas, como sea que va unida a lo
que tú eres, cambia también, quieras o no». *Las anteriores*
novelas de Concha Alós, según la crítica, estaban marca-
das por una evidente tendencia a la autobiografía. ¿Cómo
integra —si lo integra— el elemento autobiográfico en esta
nueva tendencia que ha emprendido? «La obra siempre es
autobiográfica. Siempre arropas lo que escribes con experiencias tuyas o de los demás. Intentas reflejar la vida, la tuya, la

de los demás, la existencia de las cosas que tocas, que ves, que hueles, que sientes, que te imaginas. Quizá haya más autobiografía en lo que escribo ahora, por extraño que parezca, que en lo que escribía antes: si yo me imagino algo, para ti puede ser mentira, pero para mí es más real, más auténtico, más autobiográfico que si describo mi comida de hoy. Además, ¿dónde empieza la realidad y dónde la imaginación? ¿Dónde la verdad y dónde la mentira? No se sabe».

IMAGINACIÓN FRENADA, IMAGINACIÓN RECOBRADA

Concha Alós vive en un pisito de Gracia. Un apartamento soleado, amueblado y decorado con gracia y comodidad. Cuadros de Arranz Bravo y Bartolozzi, de Concha Ibáñez, Nuria Llimona, Carlos Mensa. Cerámicas populares. Dos gatas siamesas: Minona y La Paco. Rey de gatos lleva una dedicatoria: «A Llosca». «Un gato. Antes me gustaban mucho los perros, pero el gato es un animal más independiente. Llosca fue un gato gris, muy importante y significativo en mi vida: cuando murió, murió algo para mí. Fue una experiencia muy definitiva en aquella época». *Concha Alós nació en Valencia y pasó su infancia en Castellón.* «¿Cuándo empecé a escribir? En la infancia. De pequeña era muy tímida, y como toda persona tímida, muy observadora. Me fascinaba la gente mayor y era como una pequeña espía en el mundo adulto. Escribía un diario en clave, y una de las primeras cosas que escribí fueron unas cartas que nunca mandé. Las escribía para un hombre, un vecino al que veía desde mi casa, que tenía gatos. Pero recuerdo que la primera historia larga que escribí era una narración cuyos personajes eran un fauno y un ángel. Tenía una imaginación desbordante». *Pertenece al signo de Géminis, muy imaginativo realmente, y mágico.* «Creo que soy un poco bruja, a veces adivino lo que va a hacer la gente. Con amigos muy íntimos, he llegado a tener experiencias telepáticas bastante sorprendentes. Siempre he sido una persona mágica, fantasiosa. Pero al empezar a escribir novela, ya profesionalmente, frené mi fantasía: el realismo social de la época, la moda literaria de entonces, me hizo pensar que ser así y escribir así era una frivolidad; que lo que yo debía hacer era dar un testimonio. Creí que era mi deber. El héroe, o antihéroe de mis novelas era el pueblo que sufre, y así, descuidé, menosprecié mi auténtica personalidad. Ahora, al replantearme mi vida y mi literatura, he optado por la autenticidad: entrar en las múltiples y diversas galerías subterráneas que hay en mí. Hacer un *striptease*».

EL *STRIPTEASE*

Una de las narraciones de Rey de gatos, *titulada* La coraza, *ha sido contratada por la revista* MS *de Estados Unidos. Una de las revistas feministas («MS» es una fórmula intermedia entre «señora» y «señorita») más importantes de Estados Unidos. En dicha narración, al final, la protagonista se come al hombre con el que tiene una relación amorosa, es decir, la hembra se come al macho. En una reciente crítica, muy favorable al libro (aparecida en* Estafeta Literaria*) se dice que* *este libro es el grito de una hembra en celo. Concha Alós se ríe.* «Los hombres se han quedado un poco inquietos con este cuento. Me llaman "devoradora de hombres"». *Se sigue sonriendo, y añade:* «Cuando intentas escribir sobre este mundo subterráneo, oscuro, inconsciente y haces un *striptease*, hay que emprender la tarea sin convencionalismos, sin miedos absurdos, con sinceridad. Para ser un buen escritor, la sinceridad es imprescindible, y a quien no le guste..., lo siento, me da igual». *¿Qué autores han pesado sobre la obra de Concha Alós?* «Creo que nos inclinamos por aquellos autores cuyo mundo nos parece análogo al nuestro. Carson McCullers me abrió un mundo. Después, Pavese y Faulkner. Ahora me gusta mucho Borges: parece como si cada palabra que escribe sea una puerta que se abre a un mundo. Por eso creo que el lenguaje es la base de toda obra literaria: porque cada palabra puede introducirte o desvelar un mundo que llevamos dentro y al que a veces no sabemos cómo sacar fuera, cómo agarrarlo y darlo a entender».

ALGUNAS PRESENCIAS

«Me interesa mucho todo lo relacionado con el mundo extrasensorial, es decir, no solo me interesa, sino que creo en hechos pertenecientes a este ámbito inexplorado. Si científicamente el azar provoca revelaciones y descubrimientos, ¿por qué no creer en otros hechos producidos por el azar en otros terrenos? ¿Qué es la química sino azar? ¿Por qué negamos lo que no vemos si vemos tan poco? ¿Los horóscopos? Creería en un estudio bien hecho, en el horóscopo divulgador que sale en la prensa, no, no creo. En cambio, he tenido experiencias sorprendentes con echadoras de cartas, y sí creo, repito, en un mundo extrasensorial. Aquí, ahora, no estamos solos: hay presencias. Las gatas ven estas presencias: de repente levantan la cabeza, las ven, las siguen. No se asustan, no se erizan; en cambio, cuando ven a según qué personas, sí. Porque las presencias no hacen ningún daño, son algunas personas vivas las que hacen daño, las presencias, no, no necesitan dañar a nadie porque ya se han purificado. Hay gente que dice: "Pero ¡cómo puedes creer en mundos extrasensoriales y estas tonterías!". Bien, nos pasamos la vida diciendo que el sol sale por el este y se pone por el oeste, y resulta que ni sale ni se pone, que es la Tierra la que da vueltas alrededor de él. He leído mucho a Freud y Jung (sobre todo este último profundiza en el terreno de lo extrasensorial). Freud explica un caso curioso: dos personas que viven juntas, en armonía; llega un momento en que una de ellas usa los lentes graduados para la otra y ve perfectamente. Pero en cuanto surge una situación de odio entre ellas, los lentes ya no sirven a ambas. Este fenómeno no tiene ninguna explicación científica. A veces, paso días intentando escribir algo y no sale. De repente, a veces, la escritura sale como si te dictaran. ¿Inspiración? Creo que lo que sucede es que afilas las antenas. Todo está, lo que nos falta es afilar más las antenas hasta llegar a estar en situación de captar lo que está y no vemos. ¿Religión? No sigo ningún tipo de religión. Pero, en general, estoy abierta a todas las religiones».

EL PODER DE LA MEMORIA

En esta casa se respira paz, tranquilidad. ¿La tiene? «La felicidad no se tiene, ni hay que buscarla hacia fuera, sino hacia dentro. Hay días en que te sientes muy bien, otros muy mal, y tanto en unos como en otros, las condiciones objetivas, lo que te rodea, es lo mismo (hablo de circunstancias normales, claro). ¿Qué sucede, pues? Nada del exterior, puesto que lo que te rodea hoy es lo mismo que lo que te rodeaba ayer. Lo que cuenta es uno mismo. Nuestra civilización, la occidental, es fatal: creemos que debemos encontrar paz, felicidad, conocimiento, etc., fuera de nosotros mismos, cuando lo cierto es que debemos buscar todas esas cosas en nosotros. Creo que esto es importante: buscar la felicidad dentro de uno mismo. Claro que yo, como todo el mundo, tengo días malos. ¿Cómo superarlos? Pues hay días en que se superan estos malos momentos, y otros en que no. Hay muchos trucos. Por ejemplo, uno que utilizo bastante, encontrado en una novela de Cortázar: el protagonista, tras hacer el amor varias veces, se aburre y para acogerse a algo y huir del momento real, evoca un momento feliz de su infancia hasta que lo agota, porque, dice Cortázar, la memoria guarda todo. Es un buen truco: yo tomo un momento muy feliz de mi infancia ¡y recobro tantas cosas perdidas que parecen imposibles de recobrar! Un mantel verde, bordado, que ponía a veces mi madre; una pantalla con flecos, una tortuga, un grifo estropeado que hacía clin, clin, clin, clin... No sé, me concentro en un instante del pasado y arranco cosas al tiempo, cosas olvidadas que, una vez recobradas, te hacen tomar conciencia del poder, de tus sentidos en aquel entonces, recobras olores, ruidos, mil cosas...». *Concha Alós ha ganado varios premios.* «Gané el Planeta en el 62. Los premios entonces tenían una audiencia que ahora no tienen, para la crítica me refiero. En cuanto al público, la gente que ve mucha televisión solo compra libros de premio, lo cual a los escritores nos debe importar muy poco. A lo único que nos exponemos es a ganar menos dinero. Pero a la larga lo que importa es realizar un buen trabajo, escribir ese libro que llevamos dentro, que nos lleva tres, cuatro años escribir, y cuya realización es lo más importante para nosotros. Lo que importa es llegar a escribir esa gran obra, a través de la cual el lector puede conocer algo del autor: es como entrar en el desván de una tía abuela tuya, empezar a hurgar, a descubrir cosas a través de lo que encuentras, a saber, a conocer...».

24 de febrero de 1974

índice

Cuando me hayas leído, querido lector,
guárdame contigo, compárteme,
pero no me abandones,
pues soy hijo del esfuerzo y la ilusión.

Amarillo Editora

CONVERSACIONES EN EL TIEMPO
Este libro se terminó de imprimir
en el mes de febrero de 2024
en la imprenta
Estugraf Impresores, S.L.